Q版FB歷史

漢朝其實很邪門

……丁振宇 著

前言

微歷史也就是用「微博體」、Facebook的形式來記錄歷史。微博及Facebook的特點是短小、及時，適於傳播，近年來，微博和Facebook成爲國內最便捷的一種交流方式，對於記錄歷史來講，它同樣也是一個好工具。因爲當今社會生存競爭激烈，生活節奏奇快，人們沒有時間、沒有精力，也沒有耐心靜下心來閱讀冗長繁雜的歷史巨著來獲取知識，因而造成當下人們，尤其是年輕一代對歷史知識欠缺匱乏的窘況。

而《微歷史》的出現，不僅是「微時代」自身的推動，更是民眾的一種訴求。因爲它將微博體與歷史事實進行了有機的結合，在有限的字數裏以精當的內容濃縮精華，言簡意賅、字字珠璣，爲廣大讀者提供了一種新的解讀歷史的可能性。毋需非常集中的閱讀時間和持久專注，毋需專門的歷史或理論素養，茶餘飯後，公車上，只需花費五分鐘翻閱一下，你就會有良多收穫。

4

說起大漢朝，可真有些邪門兒：大漢朝總共有廿五位皇帝，其中有十個都是愛玩「斷背」的，這大概是基因的問題吧。漢高祖劉邦是個草根出身，偏偏還有人樂意幫助他打天下，再加上他本人膽子大，又善於用人，最終，這個痞子竟然當上了大漢的開國皇帝；可惜，劉邦辛辛苦苦打下的江山被他的正牌老婆呂雉糟蹋得一塌糊塗，劉氏子孫也被殘害了不少；不過，劉邦的兒子劉恆挺爭氣的，沒有給他老爹丟臉，把「家業」治理得井井有條；漢景帝劉啓也是一個不錯的好皇帝，不僅繼承了他老爹的優點，還把「家業」發揚光大了，和他老爹統治合稱「文景之治」；景帝的兒子漢武帝比他祖上的人都有雄心，可惜只是風聲大雨點小，他是個好打仗的皇帝，爲了打仗，把祖上積攢的「血本」都揮霍完了；漢宣帝劉恆曾流落民間，是個做人低調、做事高調的皇帝；漢元帝劉奭軟弱無能、荒淫好色；漢成帝劉驁是個只愛美人不愛江山的皇帝；漢哀帝就更離譜了，他的「斷袖之癖」遺臭千古；王莽是個陽奉陰違的盜國賊，竊取了大漢的江山，還趾高氣昂地建立了「新朝」。

漢光武帝劉秀是東漢的開國皇帝，他做人厚道，不管是治理國家，還是後宮的管理，都做到了仁至義盡；漢明帝劉莊是劉秀的兒子，也是一個好皇帝，被稱爲「中興明君」；馬明德是個不錯的皇后和皇太后，比劉氏祖上的惡毒媳婦呂雉賢慧多了；漢章帝是一個勵精圖治的皇帝，國家治理得也說的過去；鄧綏是一個聖明的皇太后，可惜她一死，娘家人就倒了大楣；漢順帝當政時宦官專權，他自己也是個沒用的皇帝；漢靈帝是個財迷皇帝，他本人經商是一流的；傀儡皇帝漢獻帝終於給大漢畫上了休止符，結束了大漢近四百年的歷史。

本書在編寫上本著既嚴肅認真，又不失生動活潑的原則，遵循引導廣大讀者在輕鬆愜意的閱讀中獲取歷史知識的宗旨，在選材上以正史爲主、野史爲輔，在筆法上力求做到短小精悍、生動幽默、靈活流暢、妙趣橫生，令閱讀者徜徉歷史海洋時興致盎然，回味無窮。

目錄
CONTENTS

版本的歷史

漢朝其實很邪門

下篇　東漢

上篇

西漢

第一章　草根皇帝漢高祖

痞子變英雄

關於草根皇帝劉邦的出身，有一個神奇的傳說：話說，劉邦的母親有一天夢到與神交合。這時突然電閃雷鳴，劉邦的父親劉大叔定睛一看，看到有一條蛟龍在他老婆身上。之後，劉大媽便懷孕了，足月之後生下一子——劉邦。

其實，劉邦還沒有出道之前，是根本沒有名字的，人稱劉老三。這劉老三出生就不同於一般人，他也確實不像劉家的人。他的兩個哥哥做事勤勞，而他卻天天遊手好閒，到處結交狐朋狗友，倒像一個外交家。劉大叔時常罵他敗家子，可他總是左耳進、右耳出，全當沒有聽見。劉大叔氣得咬牙跺腳，但也沒有辦法。

劉邦的老爹劉大叔常常想：兒子不長進，恐怕將來連個老婆都討不到。但畢竟是自己的兒子，當老子的總不能不管，還是得想個長久之計。於是，劉大叔就利用自己的人脈關係，花了點錢，爲兒子買了一個沛縣泗水亭亭長的小官。有了這個差事，劉邦倒是更逍遙了，沒有了老爹的管束，他可以盡顯自己市井無賴的本性了。

劉邦在市井當小混混的時候，發生了一件奇怪的事情。劉邦是個無賴，無論去哪家酒店吃飯都不掏錢。當時，有一家酒店的老闆想了一個辦法，把門前河上的小橋拆了。原來，劉邦要來這家酒店吃飯，就必須過這條河。這天，劉邦又來了，可是沒有橋，過不去。誰知，不知從哪裡冒出來一隻巨大的烏龜，把劉邦馱到了對岸。酒店老板正站在對岸等著看笑話呢，卻沒想到竟看到了這齣「戲」。

自從當了小官，劉邦利用職務之便更加胡作非爲，常常帶著一群小弟在街上鬼混。並且，他沒事就去開酒店的王氏、武氏那裏喝酒，順便「揩油」。如果喝醉了，就在兩人那裏過夜。可是，別人喝酒都給錢，只有劉邦總是賴賬不給錢。二人原本很不樂意，可後來看見劉邦睡覺的時候有龍附身，覺得他不是一般人，便再也不敢要酒錢了。

劉邦長到三四十歲時還沒有成家立業。沒有立業就罷了，沒有討到老婆對古人來說可是大事。可是，劉邦這個「敗家子」的頭銜早已遠近皆知，誰家的閨女都不肯嫁給她，就這樣，一直到四十多歲，劉邦依然單身，堪稱骨灰級別的剩男。

人要是運氣背，喝水都會塞牙縫；但要是走狗屎運，天上也會掉餡餅。劉邦就是後者。這一天，沛縣來了一個姓呂的貴客，人稱呂公。縣令要爲呂公接風洗塵，劉邦也去了。前去捧場的人有帶東西的，有帶錢的，可他分文沒有，竟還說自己付賀錢一萬。雖然這只是一張空頭支票，可呂公卻一眼看出他氣度不凡，於是便把閨女呂雉嫁給了他。

蕭何死活都要跟隨劉邦是有原因的。一年夏天，劉邦和一群狐朋狗友們在河裏洗澡，蕭何也和幾個朋友一塊兒去了。洗完澡後，一群人坐在河岸上乘涼。天太熱了，大家都只穿了一條短褲。他們聊得很開心，聊著聊著，蕭何就注意到劉邦的大腿上竟有「七十二顆黑子」。傳說，天上有個神叫赤帝，他的臉上就有七十二顆黑子。蕭何便由此認定此人非同一般。

傳說劉邦到了哪裡，哪裡就會有五朵彩雲。劉邦造反後，呂雉被官府的人抓到了監獄。後來，呂雉出獄了。呂雉出獄後，該怎樣找到自己的老公呢？劉邦天天跑來跑去，連個落腳的地方都沒有。可是，呂雉就是有辦法，因爲凡是丈夫劉邦待的地方，都會出現五朵彩雲，呂雉就是跟著五朵彩雲找到劉邦的。

劉邦做土匪的日子裏，外面的世界更是風雲變幻。陳勝、吳廣兩個好像吃了熊心豹子膽，率先揭竿而起。各地百姓也紛紛向他們學習，斬殺官吏，響應起義。沛縣縣令是個投機倒把的能手，可惜沒有使到刃上。他先是同意投降張楚，迎接劉邦一群土匪回來，後來又迅速變臉。劉邦便率眾人斬殺了縣令，坐上了沛公之位。

劉邦造反，就等於走上了一條不歸路。但是，既然幹了，就要幹出一個名堂。於是，劉邦開始招兵買馬，湊了兩三千人，就這樣天真地去攻打胡陵、方與兩縣去了。但是，劉邦本就是草根出身，不懂兵法，手下的人就更不用說了。更何況，他們這些人馬要攻打兩個縣，簡直是小孩子玩扮家家——鬧著玩。最終圍了幾天城，實在無從下手，只好撤退。

劉邦撤回沛縣老家後，此時的秦朝各地都已亂成了一鍋粥。不用說，秦王朝也急成了熱鍋上的螞蟻，下令各地守將出兵平息叛亂，泗川監郡御史也接到了命令。可是，這個悟性差的傢伙根本不知道應該打誰，確切地說，他是誰也不敢打。最後，他決定去攻打劉邦那兩三千小毛賊。劉邦吸取了上次攻打胡陵、方與的經驗，並尋了秦軍的破綻，最終打了勝仗。

劉邦攻打薛城時，把老窩豐城交給雍齒管理。誰知雍齒是個叛徒，竟然把豐城拱手讓給了魏國。而此時的劉邦已經拿下薛城，正準備攻打方與，後院卻起火了，這下可把劉邦的鼻子都氣歪了。他火冒三丈，也顧不上攻打方與了，心焦火燎地殺回豐城。可是，劉邦的集團都是豐城的子弟，誰肯打自己人呢？結果城沒拿下，劉邦卻氣病了。

雍齒叛變是因爲看劉邦不順眼：想當初老子在沛縣也是個人物，你劉邦算老幾？只不過是個小小亭長，見了我還不是得點頭哈腰的。現在倒好，已坐到老子的頭上了！他心裏越想越窩囊，剛好周市前來勸降，於是就投降了魏國。雍齒這下解了窩囊氣：老子倒要看看你劉邦還能横行多久，老窩都被端了，你還不成了喪家之犬？

陳勝戰敗之後，部下秦嘉自立爲大司馬，收攏了張楚的殘餘勢力。此時，正在養傷的劉邦趕緊來投奔秦嘉，希望秦嘉能幫他奪回豐城。誰知，秦嘉卻敗亡於項家叔侄之手。秦嘉是指望不上了，這下可怎麼辦呢？劉邦忽然想到不如再去投奔項家叔侄，興許還有希望。於是，劉邦便像病急亂投醫一樣，投奔了項家叔侄。

張良最初投奔劉邦時，劉邦就沒有把他當一回事，給了他一個孫悟空也幹過的差事——負責養馬。不用說，張良肯定不滿意這個差事。他雖沒有孫悟空的七十二變、上打玉帝下打閻王的本事，卻有一條三寸不爛之舌，因此逮著機會就給劉邦講兵法。

劉邦沒啥本事，就是善於納言。一來二去，劉邦便再也不小看張良了。

張良的出身可不簡單，他是豪門貴族出身。張良的祖先是韓國人，他的爺爺當過三朝的丞相，可是卻沒有因此而成爲大地主，反而丟了很多土地，估計是這個官職當得不怎麼樣。張良的老爹當過兩朝的宰相，也沒有什麼政績。可見，張良的爺爺和老爹雖然是大官，也不過是些占著茅坑不拉屎的人。

張良雖然長得文質彬彬，但是卻幹過買兇殺人的勾當。秦始皇在位的時候，張良一家子也不好過。於是，張良就花錢買了一個殺手，準備刺殺秦始皇。這天，他們早早地埋伏在秦始皇巡遊要經過的路邊，見秦始皇的車隊來了，那名殺手不分青紅皂白就衝了過去。只見殺手一個大鐵錘下去就把秦始皇坐的車錘散了架，可惜那是副車，秦始皇並不在裏面。

劉邦去投奔項家叔侄，項梁也聽說過劉邦這號人物，不僅同意接納，還撥給了他人馬和大將。這下，劉邦終於可以報仇了。心想：這回看你雍齒往哪裡跑，除非你會土遁。劉邦大軍簡直是勢如破竹，豐城很快就被打破了，劉邦親自帶著兵去搜捕雍齒。可是，哪裡還有雍齒的人影？因爲雍齒見勢不妙，早就跑到魏國去了。

劉邦向咸陽進發時，一路上打了不少小勝仗，補充了一些兵力，心裏不禁很得意。

第二年春，劉邦到達了昌邑縣，碰到了彭越。彭越這時也是一個小集團，急需找一個靠山，剛好劉邦來了，就追隨了劉邦。兩人一起攻打昌邑，簡直是兩個雞蛋碰石頭，最終損兵折將也沒能打下來。

攻打昌邑失敗後，彭越的心裏開始打起了小算盤：你劉邦也不過是地痞無賴出身，還想攻打咸陽？山高路遠，我可不想把我這千把來人的家底都讓你給糟蹋了。看你的隊伍也都是一些半斤對八兩的人，我要是跟了你，是混不出名堂來的。正值亂世，誰都可以稱王，我何必受制於你？於是就與劉邦分道揚鑣了。

彭越走了之後，劉邦仍不死心，繼續招兵買馬，又請魏國的一支隊伍幫忙，可還是攻不下昌邑。也不知道昌邑的守將是哪個好漢，這麼硬！劉邦這時才深知自己的實力不夠，只有一路上打打停停，再也不敢戀戰，能拿下就收攏，拿不下就算，繼續往前走，就像一個無頭蒼蠅一樣，橫衝亂撞。

劉邦在高陽休整隊伍時，有一位叫酈食其的人前來求見。此人雖是個看城門的，卻總是說自己是個千里馬，等待著成大事的人看中。這天正好看到劉邦的隊伍經過，感覺劉邦是個真正能成大器的人。當時，劉邦正在很不雅觀地洗腳，對他很傲慢。誰知酈食其言語不俗，頗有見地，劉邦這才恭敬地接待了他。

酈食其直說得唾沫星子亂濺，與劉邦縱論了一番天下大事。劉邦越聽越高興，感覺自己真是遇到人才了。對於劉邦這個草根而言，聽酈食其說話就像看了一場電影一般。酈食其跟劉邦分析，眼下應該先拿下陳留，並表示他願意出使陳留。陳留縣令能降更好，即使不降，他也可以在那裏做個內應。劉邦依計而行，果然佔據了陳留。

劉邦這無頭蒼蠅做得不錯，漸漸地強大了起來。就在他準備攻打武關時，趙高害死了昏聵無能的胡亥，並秘密派人來跟劉邦說，願意迎接劉邦進咸陽，前提是劉邦得封他做關中王。劉邦深知趙高爲人奸詐，簡直是黃鼠狼給雞拜年，還不知安的什麼心呢！與趙高談判決裂後，劉邦起兵攻打武關。最終，這關中的咽喉部位還是被劉邦拿下了。

劉邦決定硬攻嶢關時，被張良阻止了，因爲張良覺得硬攻不如智取。於是在張良的建議下，劉邦僞裝成五萬人的規模進發嶢關，同時又在山林中埋伏了多處疑兵，並派了酈食其與陸賈帶金銀珠寶去賄賂嶢關守將。守將果然願意降，劉邦大喜，正要去接受降將。但張良是個心細的人，他怕士卒們不肯降，便又使計令將士離心。在主將失去警惕時，一舉拿下了嶢關。

劉邦攻破嶢關後，在灞上駐軍。之後派人給秦王子嬰下書，承諾子嬰若肯投降，可留他性命。子嬰思來想去，最後決定投降。劉邦軍中多數將士都痛恨秦國，想要劉邦殺掉子嬰。這時，劉邦卻顯出了他精明的政治手腕。他接受了請降，將子嬰交給屬下看管，自己卻瀟灑地攻打咸陽城去了。

咸陽城是個富饒的大都市，劉邦這群人哪裡見過這世面？一下子就像鄉巴佬進城一樣，都瘋狂了起來。眾將士就像草原上的狼一樣，貪婪地搶劫掠奪。同樣沒有見過大世面的劉邦也沒有辦法阻止，因爲他自己也開始瘋狂起來了。只有蕭何沒有搶財富和女人，他搶的是秦國丞相府和御史府內的律令、圖書、戶籍、地圖。

攻破秦朝首都後，正當劉邦陶醉於秦朝皇宮的奢華與財富時，他手下一個屠戶出身的樊噲，卻站出來苦勸劉邦千萬不可貪戀一時的驕奢淫逸。可見，這個屠戶並非鼠目寸光之流，還是有點政治見識的。張良也在旁邊規勸他要以大局爲重，不要忘記自己還有一個人稱霸王的敵手——項羽。這下，劉邦如夢初醒，趕緊掉頭撤回灞上。

劉邦見了豪華的秦朝宮殿，心想：這當皇帝的日子確實比他當市井無賴強多了。可是，眼下的快活就如煙花一樣，將來還不知會怎樣？一想到還有項羽這個對手，劉邦不禁出了一身冷汗。他越想越害怕，便趕緊讓人把宮中的金銀財寶都封存起來，等著各諸侯到齊再做打算。

Q 不能隨便吃的飯——鴻門宴

劉邦雖然暫時不能做咸陽的主人，但他的魂、他的政治野心自此便留在了這裏。此時，他又開始施展自己的政治才能，把關中的地主、豪強、鄉老都召集到一塊商量大事。

在會上，劉邦定了約法三章。開完會，劉邦還不放心，如果這些人只爲個人利益，而欺瞞著下面的人，那麼，他的政治工作就白費了。考慮到這些，劉邦便親自到田間視察工作，做宣傳。

劉邦拿下咸陽後，一心想著他和項羽的約定，希望能早日做關中王。項羽在函谷關聽說劉邦已經拿下了咸陽，並且派兵堵住了他，氣得大罵劉邦，並派英布強行攻關。而劉邦派去的守將對項羽來說，拿下簡直是易如反掌，項羽很快就破關了，並直奔咸陽而去。劉邦這次堵城，過早地暴露了自己的政治野心，致使自尊心很強的項羽惱羞成怒。

劉邦派人堵住了咸陽城，項羽對此雖然很生氣，但也沒有想要把劉邦怎麼樣。可是，偏偏有一個好事的人叫曹無傷，他從中搞鬼，挑撥項羽跟劉邦的關係，聲稱劉邦想做關中之王，還要封子嬰為丞相，將咸陽的一切財富都塞進自己的腰包，同時還說了一些巴結項羽的好話。項羽不看信便罷，一看信就立即火冒三丈，亞父范增也勸項羽要儘快除掉劉邦。這下，項羽終於下定了決心，要消滅劉邦。

項羽手中有聯軍四十萬，而劉邦好不容易才積累了十萬人馬；項羽的團隊簡直像鋼鐵一樣，而劉邦的團隊怎麼看都缺乏戰鬥力。但也真是天不滅劉邦，正當項羽做好一切攻打劉邦的準備時，項伯坐不住了，因為他以前流亡時曾得到過張良的照顧。出於感恩之心，他趕忙托故趁夜色向張良報信。張良將此事報告給劉邦後，劉邦又好說歹說地讓項伯向項羽求情。

項羽本就是個仗義的人，加上他的親叔叔項伯又為劉邦說了一堆好話，心便軟了下來，決定不殺劉邦了。范增早早起來，準備隨項羽出戰，忽然聽說不殺劉邦了，氣得吹鬍子瞪眼，後來又聽說劉邦要來鴻門謝罪，便心裏暗喜：在鴻門宴上，殺劉邦更方便。

劉邦帶著張良、樊噲等一百多人來到鴻門，恭敬地向項羽謝罪，充分地展示了他的口才。論力氣、論團隊實力，劉邦都不如項羽，但論口才，項羽就不行了。劉邦的一席話說得項羽心花怒放，認為自己差點錯殺好人。項羽心裏一高興，就把曹無傷給出賣了。這一出賣不打緊，他曹無傷的腦袋還能在項上嗎？

劉邦去赴鴻門宴，項羽、劉邦二人入席坐定，喝酒談笑。旁邊的范增如屁股上扎了蒺藜，不停地給項羽使眼色、做小動作，示意項羽趕緊動手殺了劉邦。項羽卻裝作沒看見，他是個死要面子的人，他想：劉邦要是不來謝罪，這仗倒是定打不饒；可他偏偏來了，我明人不做暗事，若這時殺了他，肯定會被天下人笑話。因此遲遲不願動手。

范增知道項羽不忍心殺劉邦，便趕緊找來項羽的堂弟項莊幫忙。項莊裝著舞劍助酒興，目的卻是爲了除掉劉邦這個心頭大患。項莊一邊舞劍，一邊往劉邦身前湊。項伯看出了門道，便趕緊拔劍與項莊對舞，並用身體護住劉邦。項伯這麼做是爲自己的面子考慮，說好了今天來不會出差錯，要真殺了劉邦，我項伯的老臉以後往哪裡擱？

項莊、項伯一個要殺劉邦，一個拼命保護劉邦，二人在那裏兜著圈子。張良此時也看出眉目來了，他趕緊出去對樊噲說劉邦有危險。樊噲直闖進帳，對項羽講了一堆大道理，力陳秦朝聽信讒言不得善終的教訓。別看項羽長得魁梧雄壯，卻有著女人一樣的薄臉皮，樊噲的一席話讓他感覺對不住劉邦，幾個人就這樣尷尬地坐著。這時，劉邦趕緊裝著內急，趁機跑了。

項羽要殺劉邦，可劉邦卻跑了，項羽便派陳平、張良去找劉邦。此時，劉邦又害怕沒向項羽告辭就走，會惹項羽發怒。樊噲勸他不必拘泥禮節，逃命要緊。於是，劉邦把自己帶來的禮物交給了張良，並囑託張良，他抄小路回去，等到他差不多到了灞上之後再把禮物送給項羽。說完後，便只帶了四個人逃了。

秦王朝總算滅亡了，項羽決定下一步要分封天下，先封自己，然後封劉邦。一直很自負的項羽自認爲諸侯都是認可他的，可是他撕毀與劉邦約定的舉動，已經讓諸侯們寒了心。無奈之下，項羽只好封劉邦爲漢王。同時，他又封了三個秦朝降將爲王，目的是要牢牢地堵住劉邦，不讓他出巴蜀。

劉邦被封了漢王之後，無論是劉邦還是士兵，都覺得水土不服。按照楚懷王的約定，他劉邦應該是萬王之王，可是，項羽卻給了他這樣一個地方，他可是把腦袋吊在褲腰帶上才有今天的，項羽實在是欺人太甚！劉邦越想越氣，決定與項羽對抗。但張良認爲此時並非良機，要劉邦暫時忍耐，並出計重金賄賂項伯，企圖從項伯那裏得到漢中。

張良被項羽以服侍韓王的名義留在了軍中。可是他身在韓營心在漢，一心爲劉邦著想。張良利用與項伯的交情，讓項伯替劉邦求情，給劉邦加封漢中郡，並把劉邦給自己的那份厚禮也送給了項伯。項伯正好想借此還張良一個人情，當場便答應了，順便也殺一殺范增的囂張氣焰。原來這范增常在項羽面前出謀劃策，勢力比項伯還要高

一等。

劉邦本不想接受漢中，但經過張良、蕭何的一番安慰，他終於明白了過來，不再垂頭喪氣，開始爲接受漢中做準備，還讓人轉告張良，務必要爲他求到漢中。項伯這邊趁范增不在，趕緊爲劉邦說好話。耳根子軟的項羽，琢磨了一下，便同意了，也沒和范增商量，就私自修改了計畫。劉邦倒是稱心如意地得到了漢中郡，范增卻暴跳如雷，把項羽數落了一頓。

劉邦雖然得到了漢中封地，可老奸巨猾的范增卻不讓諸侯回去，想找機會收拾幾個，省得成爲將來的隱患。剛剛露出笑容的劉邦轉瞬又變成了苦瓜臉，有封地不能回，在項羽面前又不敢亂動彈，這可怎麼辦？他只好又向張良問計。可張良也無計可施，只好去找陳平商量。陳平本是項羽的人，但項羽不喜歡他，所以早有心歸漢。張良的到來恰好爲他歸漢提供了機會。

陳平使計支走了范增，並對項羽說，諸侯聚集咸陽不是長久之計，耗費錢糧不說，老百姓也負擔不起，如此下去，國家必出亂子。項羽一聽，深覺有理，便讓諸侯立即回國，卻單單扣住了劉邦。劉邦就向項羽請假，要求回家探親，可項羽不肯放人。張良便故意反對，說爲防劉邦有異心，可派人把劉邦的家眷弄來當人質。項羽同意了，劉邦這才回到封地。

劉邦雖然回到了封地，可項羽因怕劉邦人數太多會給自己造成威脅，已經把他的十萬人馬削減到了三萬，其餘的都被使計分給了別人。劉邦是何等聰明之人，面對如此境況，他依舊面不改色，無絲毫怨言。他這樣做，更讓天下豪傑感覺他是個人物，諸侯中竟有數萬人覺得跟著他比較有前途，轉而投向了劉邦。

劉邦趕赴漢中，張良依依不捨，一直送到漢中境內，君臣這才灑淚而別。張良臨走時，又囑咐劉邦一定要燒掉沿途走過的棧道。張良這麼做，一來是為了防止諸侯來個突然襲擊，同時也給項羽製造一個不再重返中原的假象；二來也是為了防止將士逃亡，足見張良心思之細膩。為了劉邦，張良可是操碎了心啊！

劉邦燒掉棧道後，項羽以為劉邦是怕自己才燒毀的，更認為劉邦燒毀了棧道就無法回到老家，真是個有勇無謀的人！但後來事實證明，他小看了劉邦，劉邦是不鳴則已，一鳴驚人！諸侯都走後，項羽衣錦還鄉，回他的老家炫耀他的權勢與功績去了。

劉邦高高興興地到了漢中，可是，他的手下卻不明白他們的主子在想什麼。況且，棧道又被燒毀了，重出江湖的可能就更小了。於是將士們都開始想家，並且每天都有人悄悄地逃走。一天，忽然有人說蕭何也逃走了，劉邦頓感天塌地陷。可是，沒過幾天，蕭何又回來了，原來他是為了追韓信。看這老頭把玩笑開的，差點讓劉邦精神崩潰。

Q 黑馬勝過寶馬——蕭何月下追韓信

韓信最初投奔劉邦時，劉邦並不把他當回事，只給了他一個管糧倉的活兒。後來不知他們部門犯了什麼法，都被判了死刑，韓信的腦袋自然也要搬家。可是當輪到砍韓信腦袋時，他卻突然大喊：漢王想得天下還要殺壯士?!別人臨死前都嚇得直尿褲子，而他卻有膽量喊出這麼一句話，看來韓信確實是個英雄。監斬官夏侯嬰看他如此有膽量，便不忍心殺他，還把他舉薦給了劉邦。

韓信升了官後，常和丞相蕭何打交道。蕭何也發現韓信是個人才，應該予以重用，便常常在劉邦面前提起，劉邦卻沒有在意。到了漢中後，不少將士都偷偷逃走了，韓信心想，丞相肯定沒少說我的好話，但漢王還是不重用我，我還不如走了算了，於是就不辭而別了。哪知蕭何一直關注著他，認爲他是一匹黑馬加潛力股，於是就上演了一幕蕭何月下追韓信的美談。

劉邦看人的眼光其實並不怎麼樣，張良最初跟他時，被派去餵馬，韓信最初跟他時，幹的也只是管理糧倉的活。要不是蕭何有點眼光，把韓信追了回來，並力薦給劉邦，劉邦的天下哪會來得這麼容易。劉邦聽了蕭何的舉薦後才開始重用韓信，並升任其為大將軍。劉邦雖沒有什麼才能，肯聽忠言倒讓他成了一流的好老板。

韓信被拜為大將軍完全是出乎眾人所預料的。正式拜將這一天，劉邦照著蕭何的意思，披紅掛彩，簡直是五星級的禮儀排場。等韓信昂首挺胸地走上拜將台時，劉邦手下的那些將軍們簡直氣歪了鼻子，鬧了半天不是拜他們的，那些將軍紛紛感覺不公平。韓信看見這場面，心裡簡直樂壞了！

韓信剛被拜將，想在劉邦面前露一手，展示一下自己並不只是掛一個虛名。劉邦也是個急性子，早就急於重出江湖了，於是他趕緊問韓信有什麼良策可以讓他得天下。這韓信簡直就是劉邦肚子裏的蛔蟲，劉邦心裏所想，他都一一說了出來，還說出了項羽那個莽夫的弱點及天下形勢。劉邦頓覺韓信很給力，覺得自己的確得了一名良將。漢軍自此摩拳擦掌，等待重出江湖的那一天。

彭越是個沒有主心骨的牆頭草。和劉邦分別後，他又積累了一些人馬，誰知竟然成了氣候，集到了一萬多山寨版軍隊。諸侯們不能容忍自己的地界有這樣的人馬，彭越自己也不知道跟著誰才有搞頭。這時，田榮卻不知哪根筋抽了，看中了彭越，要了他這支山寨版軍隊。田榮需要有槍使，彭越需要有正牌身分，剛好互相利用。

韓信讓樊噲、周勃率一萬人馬去修棧道，限期一個月。兩人一聽大急，趕忙找

韓信說理。這棧道燒起來不用幾天，可修起來三年也未必能完工，現在要用一個月完成，還不如把他們殺了。韓信立刻把臉一拉，讓修就修，別像婆娘似的瞎嘮叨。大王要是等你們修完，還要不要天下了？反正任務交給你們了，不得有誤。二人憋屈的不得了，卻也只能聽命。

樊噲、周勃這邊剛剛開工修棧道，就有密探給章邯打了報告。章邯聽了大笑，劉邦的腦袋八成是被驢踢了，看你要修到猴年馬月去。就算你修好了，從棧道上過來，我也能把你打回去，你就在那裏瞎折騰吧。不但要這樣，我還要用你們修好的棧道殺進你們的老窩，不把你劉邦剁成肉泥絕不甘休。

章邯問密探，是誰給劉邦出了這麼沒水準的主意，探子說是韓信。章邯說不知道是誰。探子又說，此人在家鄉時是個膽小鬼，常常被人欺負，還鑽過地痞無賴的褲襠。章邯一聽差點笑得抽筋，你劉邦真是一代不如一代了。自己是個草根也就罷了，再沒人可用，也不必找個鑽人家褲襠的人啊。於是更放鬆了警惕，告訴探子，等那邊修好了棧道再通知他不遲。

劉邦和韓信就會幹些不冒煙的事。他們這次抄了小路抵達陳倉，陳倉守軍還以爲是做夢，夢還沒醒就被劉邦佔領了。控制住了這個咽喉之城，就不怕打不下天下。漢軍拿下了陳倉，章邯簡直不敢相信，你劉邦莫非長了翅膀？來不及仔細追究，章邯趕緊調兵遣將，爭取奪回陳倉，打破漢軍的春秋大夢。

韓信和章邯在陳倉開戰，此時的漢軍被困在漢中已經有四個月，思鄉之情甚切，正好助長了他們的戰鬥力；而章邯的軍隊都是秦人的子弟，一直非常痛恨章邯等人的叛變。因此，章邯軍隊死傷眾多。恰好樊噲、周勃也接到了命令，殺了過來，和韓信一起攻打章邯。被打垮的章邯只好灰溜溜地逃到了廢丘，趴在那裏不敢動彈。

剛打了勝仗，劉邦軍隊更是士氣高昂。劉邦一面派重兵圍困廢丘，一面攻打塞國、翟國。一向勇猛的章邯都擋不住餓狼一樣的漢軍，司馬欣和董翳就更是小菜一碟了。塞軍和翟軍很快就被打垮了，塞王司馬欣、翟王董翳只好投降，這兩個國家被劃到了漢國地界。沒過多久，除廢丘以外，八百里秦川全掌握在了劉邦手中。

章邯曾是秦軍大將，並非浪得虛名。他堅守廢丘不出，自作聰明地認為項羽會派兵前來救援。哪知項羽根本不管他的死活，而是帶軍攻打田榮去了。其實，項羽這時也是泥菩薩過河，劉邦和田榮相繼行動，他自己也沒了主見，後來考慮到亞父范增一直堅持要除掉劉邦這根眼中釘，況且自己也非常討厭劉邦，才決定先打劉邦。

耳根子軟、總是中計的掌門人非項羽莫屬。他本打算攻打劉邦，張良趕緊寫信阻止，信中顛倒了黑白，混淆了是非。於是，中計掌門人項羽不再攻打劉邦，而是攻打田榮去了。可是，漢將王陵突然率一路人馬殺到了陽夏，這才讓項羽提高了警戒心。

他趕緊封鄭昌爲韓王，要他抵擋劉邦，並派出精兵在陽夏攔截王陵。

要論忠誠，張良可謂是藏獒式的忠誠人物。服侍韓王時，他心裏想著劉邦；這次項羽要攻打劉邦，他又趕緊寫信阻止；寫完信又怕項羽中計後再回來找麻煩，便又開始了第二次逃亡，投奔劉邦去了。他要幫助劉邦咬死項羽，項羽的敵人又多了一個。

王陵和劉邦是同鄉，可在家鄉時卻不是同道中人。劉邦是個草根，王陵卻是貴族。劉邦當亭長時，是王陵的小弟。劉邦起義時，王陵也起義了。劉邦很得人緣，很多人都去投奔他。王陵卻對劉邦不屑一顧，自立山頭。可是此時天下大亂，隨便一個小嘍囉都想興風作浪，同時也是弱肉強食的時期。無奈之下，王陵只好投奔劉邦。

劉邦很看重王陵，一聽說王陵投奔他來了，心裏喜不自勝。偏偏他正在關中忙著滅掉章邯，無法脫身，於是就派王陵直接去沛縣接回自己的家人。起來造反這麼久了，還不知老爹和妻兒在項羽的淫威下怎麼樣了。現在從表面上說還沒有正式打項羽，以後要是公開打，誰也不敢打包票說項羽不會拿劉家人來要脅他。劉邦想來想去，不禁驚出一身冷汗。

項羽對王陵早有耳聞，一聽說劉邦派王陵來沛縣，便想方設法地要把王陵拉攏過來。一想，王陵的老媽還在沛縣，趕緊把老太太接到軍中，然後給王陵傳話說，你老媽在我手裏，如果你背漢降楚，你老媽就能毫髮無傷；你要是不降，就別怪我心狠，讓你落個不孝的罪名！王陵是個大孝子，一聽說老媽被抓，立即方寸大亂。趕緊派使者對項羽說，只要我老媽安全，其他都好說。

項羽聽說王陵有背漢之意，大喜。五星級地款待王陵的使者，兒子式地尊敬王陵的母親。使者酒足飯飽之後，要拍屁股走人，老太太要求單獨送送使者。項羽一向缺乏心眼，沒有多想就同意了。那老太太對使者說，我看項羽這小子不是劉邦的對手，天下遲早是劉邦的。告訴我兒子，不必牽掛我，我已經這把年紀了，不能再拖累兒子。說完，她便拔出使者的佩劍自殺了。

項羽不僅有勇無謀，手段更是殘忍至極。王陵的母親自殺了，項羽氣得吐血，咆哮著命人把王老太太扔進了油鍋。人死了還不肯放過，屍體還要用油烹！項羽這一舉動不僅看起來嚇人，更是愚蠢透頂。王陵知道後，當場吐血暈倒，醒來後，咬牙切齒地說要把項羽碎屍萬段。

項羽總是小看劉邦，所以他不去打劉邦，而照計畫去攻打田榮。臨走時，他徵集了九江王英布率軍跟自己一起去。英布是項羽的得力助手，只要有英布，打大仗、硬仗都是輕而易舉。對於攻打田榮，項羽希望能夠速戰速決，更希望老助手英布能幫助他。可是，英布卻推說自己有病，不能同老首領一起出征。這可氣壞了項羽，同時也開始怨恨英布。自此，上下屬關係開始出現裂痕。

項羽最終會敗給劉邦，最重要的一點是沒有得到民心。項羽在征討田榮的途中，在美麗的江南上演了一幕令人寒心的慘劇。項羽命令英布的屬下殺死了義帝熊心，熊心瞪著雙眼，倒了下去。項羽之所以殺熊心，是因爲當初他分封諸侯的時候，熊心不肯開口立項羽爲天下之主。可是，他殺了熊心，就等於摘了天下人的心。

西楚霸王項羽的名號的確不是浮誇。項羽殺進齊國後，與田榮指揮的齊軍展開大戰。齊軍很快潰敗，田榮在心腹的保護下逃跑，可是最終還是被人殺了。此時的齊國沒有了領袖，項羽更加顯出了他驕奢淫逸的壞習氣，燒毀宮殿、活埋將士、擄獲老幼婦孺爲奴隸。轉瞬間，繁華的都市變成了廢墟。

陳平投奔劉邦的途中，可真如探險一般。一次，在渡河時，船夫們以爲陳平是一個逃亡的將軍，腰包裏肯定帶了不少錢，準備謀財害命。陳平看出了船夫們的心思，便主動脫掉上衣，裝著要幫船夫們划船。船夫一看，陳平不過是一個小白臉而已，腰裏也空蕩蕩的，不像是有錢的主兒，便當即取消了行動，陳平也得以撿回一條命。

劉邦身上有很多毛病，傲慢、看不起人就是其中之一。陳平來投奔時，劉邦的老毛病又犯了。劉邦帶著幾個人吃了一頓飯，吃完飯就讓人下去休息。別人都點頭哈腰地下去了，就剩下陳平不願意走。陳平心想，好不容易見這一面，千萬不能做無用功。他趕緊對劉邦說有要事商量，再遲就來不及了。劉邦很好奇，就留下了他。

劉邦喜歡聽人說天下大勢。韓信說了，被封了大將軍；陳平也說了，被封了都尉，管理眾將。眾將不服，陳平一點功勞都沒有，不能服眾。這更激起了劉邦的倔脾氣，他反而更加寵信陳平了。原來這劉邦還是一個懂得制衡之術的能手，上下級越是有矛盾，陳平越不會包庇這些將領，這樣才能鑄成鋼鐵一樣的團隊。

劉邦能得到天下就是因爲他會用人。出謀劃策有蕭何、張良、陳平等人，領兵作戰有韓信、張耳、盧綰等人。自己的地盤不斷地擴大，樂得他天天擁著美人高歌。而項羽呢？不會用人，倒是個中計高手。只要范增不在他身邊，一聽小人讒言就中計。中計之後，范增就恨得直罵他祖宗十八代，他也只能自己罵自己太糊塗。

劉邦善於演戲，且演技一流。他聽說項羽殺了義帝熊心，心裏樂開了花：這正是反項羽的好藉口啊！他假惺惺地哭義帝死得好慘，一把鼻涕一把眼淚的場面非常感人，簡直堪稱奧斯卡影帝。這樣一來，更顯出了他的心慈面善和項羽的人面獸心。劉邦還發了一個討伐項羽的宣言，宣言寫得是催人淚下、在情在理、大義凜然啊，諸侯聽了無不涕淚交加。

劉邦帶領諸侯攻打楚國。這時的楚國主力正在跟著項羽打田橫，國內正好空虛，劉邦撿了個大便宜，彭城很快就被攻破了。由於劉邦身邊沒有人規勸，貪財好色的老毛病便又犯了。他把項羽王宮中的美女和錢財一併收納，天天燈紅酒綠、左擁右抱，

當初那市井無賴的本質全露了出來。

古人有典故「捨車保帥」，劉邦卻上演了一幕「捨子保帥」。劉邦逃亡時，兩個孩子和他同乘一輛車。眼看楚軍就要攆上來了，劉邦心想孩子是個累贅，就順手把兩個孩子推到了車下。夏侯嬰倒是心軟，把孩子抱回了車上。這一耽擱，楚軍更近了，劉邦又把孩子推了下去，夏侯嬰又去撿孩子。一來二去，劉邦怕耽誤時間，便不敢再折騰，也不再把孩子推下去了。

韓信點兵

韓信帶兵打仗善於鼓舞士氣。一次，他爲了鼓舞士氣，承諾將士們如果打了勝仗就請大家吃飯，大家聽了這話都哈哈大笑。原來韓信說的這句話讓他們想到了齊頃公，齊頃公因爲說了這句話，最後吃了敗仗，他本人也差點被俘虜。可是，韓信在這裏是爲了讓大家抱定必勝的信心，大家笑是因爲韓信說話有趣。當然，韓信和齊頃公是不能相提並論的，韓信是個好統帥，而齊頃公卻是草包一個。

韓信非常善於帶兵。攻打趙軍時，韓信手下儘是一些新兵，不僅平時缺乏鍛煉，更沒有多少戰場經驗。韓信深知，若在寬闊的平地上對抗，必定會被敵人擊垮。於是他採取了「置之死地而後生」的招術，用對打不好這一仗就會進鬼門關的恐懼，來激發新兵的求生意志，最終使得將士們爆發出了強大的戰鬥力。

項羽攻下滎陽後，想到劉邦身邊有那麼多有能力又忠心的下屬，一時羨慕不已，便想勸降劉邦的下屬周苛、樅公。他先勸周苛，周苛不僅不降，反而勸項羽投降劉邦，這可把項羽氣炸了，命人把周苛扔進鍋裏煮了；至於樅公，項羽是問都沒問，就直接拉出去砍了。

劉邦有一次被項羽圍城圍得彈盡糧絕，眾將士餓得腸子都快擰成繩子了，殺出重圍已經是不可能了，這可把劉邦急壞了。這時，紀信說願意假扮劉邦，營造機會，讓劉邦逃出去。劉邦假惺惺地推辭了一番，就採納了紀信的計策。紀信化裝成劉邦後，被一群男扮女裝的娘子軍簇擁著出來，假意要投降。項羽信以為真，等他知道上當後，劉邦早就逃得無影無蹤了。

劉邦懷疑韓信、張耳對他有二心，於是，便趁二人還在熟睡之際，假稱自己是漢王的信使，偷偷拿走了二人的印綬，接管了趙軍。劉邦雖然對韓信不賴，對張耳也不差，可是，在政治風雲上，一切都是靠不住的。劉邦控制了軍隊，重新部署了崗位。他們這一覺醒來，竟然形勢大變，驚得兩人還以爲在做夢。

韓信也是個小心眼兒，他不服氣酈食其不會帶一兵一卒，僅費費口舌就能得到劉

邦的重用，尋思著有機會一定要整治整治他。酈食其這回又去勸降齊王田廣，田廣已有降漢之意。誰知，韓信剛被劉邦削弱了兵權，正在氣頭上，他知道酈食其已經勸降了田廣，但還是去攻打了齊國。田廣氣急之下水煮了酈食其，當然，田廣也沒有逃脫一死。韓信這才感覺出了一口惡氣。

韓信立下了大功後，請求劉邦封他爲齊王。劉邦早就對他不滿，不想封。張良、陳平勸說劉邦要以大局爲重，劉邦無奈，只好批准。

項羽拿劉邦的老爹和老婆當人質要脅劉邦投降。劉邦素來有口舌才能，他不慌不忙地對項羽說，當年咱倆都在懷王跟前效力，可是穿過一條褲子的兄弟。現在你要殺我爹，不就是殺你爹嗎？你想殺就殺吧，殺了咱爹煮好了肉，一定要分一些給兄弟嘗嘗。項羽好面子，一番話說得他只好作罷。

項羽想和劉邦比武藝。論年齡、論體格、論武藝，劉邦都不如項羽，因此不敢上陣。劉邦說，只鬥智不鬥勇。這一點，項羽是鬥不過的。無奈，二人只好找個地方洽談。可項羽好打架，見了面就要求打一架。劉邦大笑之後，列舉出了項羽的十大罪狀，直罵得項羽暴跳如雷。項羽也顧不上面子了，命令潛伏的弓弩手放暗箭，正射中劉邦胸口。劉邦受傷後，只好退回軍營。

什麼歌不能隨便聽？

項羽被劉邦圍困在垓下，已是窮途末路。入夜，被漢軍重重圍困的楚軍，糧草不足、衣不擋寒。這時，卻從漢軍營中傳來淒淒慘慘的楚歌聲。四面楚歌聲中，楚軍將士個個哭得像淚人一般。此時，軍帳中的項羽也被歌聲驚醒了。他起身拔劍高歌，淒慘的歌聲中充滿了無可奈何。虞姬明白項羽的意思，便拔劍自刎了。

這天深夜，項羽在聯軍的包圍中殺出了一條血路，向南而逃。漢軍發現突圍的是項羽，趕緊猛追。哪知項羽迷了路，向農夫問路，卻被指了一條錯路。當項羽發現是一條錯路之時，已經被漢軍攆上了。狗急了也會跳牆，別看項羽只剩下二十八人，竟然又衝出重圍，一直逃到了烏江。到烏江時只剩下他一人，他無路可逃，只好自殺。

項羽自殺身亡後，漢軍爲了爭搶項羽屍體而同胞相殘。項羽生前曾殺人無數，活埋、水煮、油煎等殘忍手段也是堪比超級恐怖片。如今，他的屍體被漢軍分割得支離破碎，也算是罪有應得。得到項羽屍體的將士們像賣肉一樣，拿著項羽的碎肉到劉邦那裏領賞。由此也說明，項羽的身體比他生前所殺的人值錢多了。

Q 我的野蠻鄰居

項羽死了，劉邦總算可以享受一下太平日子了。可是，西北方向的匈奴突然崛起。這匈奴人真是奇怪，不僅重男輕女，更重年輕人、重有力氣的人。年輕力壯者可以吃好的，年老體弱者只能吃差的。女子的地位更是不堪，父親死了，兒子可以娶他的後母爲妻；兄長死了，弟弟可以娶他的嫂嫂爲妻。這匈奴文明基本處於野蠻未開化的狀態。

劉邦攻打匈奴時，匈奴竟然使計麻痹劉邦。劉邦先是派十餘名使者前去打探虛實，使者回來，全都說打敗匈奴人不難。劉邦又派婁敬前去，婁敬說的和前者不同，他指出匈奴將「伏奇兵以爭利」，認爲漢軍不可出擊。劉邦不聽，大罵婁敬長別人志氣，滅自家威風，並且親自率三十多萬大軍前往匈奴，結果在平城白登山被圍困。

劉邦在白登山被匈奴軍圍困，插翅也難逃，便趕緊向陳平問計。陳平派能言善辯的使者帶著厚禮，前去遊說匈奴單于冒頓的老婆閼氏。閼氏的枕邊風一吹，冒頓弄不清劉邦的虛實，也不敢貿然出兵攻打。本來已經商量好了，等冒頓困住劉邦之時，王黃等人趕緊發兵夾攻。眼看約期都過了，仍不見王黃等人。冒頓便下令開一個小口，看看劉邦虛實。這一開口便給劉邦突圍提供了良機。

平城之圍成了大漢的恥辱，致使匈奴人更加驕橫猖狂，不把漢軍放在眼裏。沒過多久，匈奴軍又捲土重來，攻打代郡。代王劉仲被匈奴人嚇怕了，竟然顧不上請救兵，自己就棄城逃跑了。代郡不戰而敗，劉邦大罵劉仲可恥，氣急之下貶劉仲為郃陽侯。

劉邦打不過匈奴，向婁敬問計。他以前不聽婁敬的話，在白登山被圍，所以這次學乖了，涎著臉皮詢問再三，可婁敬就是不說。實在被劉邦追問得沒有辦法了，婁敬只好誠惶誠恐地說了和匈奴和親的事情。劉邦思索再三，就同意了婁敬的提議，準備將呂雉生的長公主遠嫁匈奴。誰知，呂雉一聽，潑婦勁兒便上來了，一哭二鬧三上吊。劉邦無奈，只好找了一個假公主代替。

劉邦想利用和親為漢朝謀取安寧，事實上，也的確起到了一些作用。匈奴人都是一些只會騎馬射箭之流，而且一直很仰慕漢朝的文明。漢朝宗室之女遠嫁匈奴，帶去了豐厚的嫁妝，更帶去了漢朝的文明。自此，雙方互不侵犯，人民安居樂業。後來，皇室捨不得將宗室之女遠嫁，和親之人便逐漸演變成了宮女。

Q 功臣的下場

有人在劉邦面前說陳平壞話，說陳平不過是臉長得對得起觀眾，肚裏不一定有墨水；還說陳平德行很差，魏國不要他，他就跑到楚國，楚國不要又來投奔漢，可見他不是一個忠誠的人；而且在家裏跟嫂子通姦，是個好色之徒；平時還收些賄賂，徇私舞弊。劉邦不信，去問陳平，陳平不慌不忙地解釋，說得句句在理，劉邦也只好作罷。

劉邦被項羽圍困，急得抓狂，實在想不到辦法，就去找陳平商量。陳平讓劉邦使用反間計，逼走項羽身邊的得力助手。陳平深知項羽是個缺心眼的人，而且自命不凡，就使了個計策，讓項羽感覺范增對自己有異心。項羽果然中計，氣走了范增。范增走後，項羽身邊已經沒有人可用了。

范增被項羽猜忌有二心時，肺都要氣炸了。想想自己已經是個黃土埋到脖子的人，這一生沒少給項家賣命，到頭來卻落了一個有二心的罵名，於是就跟項羽說自己要回家種地賣紅薯。項羽正在氣頭上，沒有挽留就批准了。范增越想越氣，自此背上生了一個大瘡，還沒有到達彭城，就一命嗚呼了。

天下太平了，韓信這個將軍總算可以歇歇了，但自古「兔死狗烹」的古訓讓韓信不得不把心提到嗓子眼兒上。於是，他天天裝病不上朝。可他越是這樣做，越容易讓人嚼舌根，大臣們都說韓信有點成就，就把尾巴翹上了天。後來，劉邦還是怕韓信謀反，便使計將這根眼中釘給拔掉了。

劉邦分人肉粥給諸侯，目的就是要警戒諸侯：這就是謀反的下場。英布也分了一碗人肉粥。自此，英布便吃不香睡不著，好似驚弓之鳥。英布在和寵妾的閒談中，懷疑寵妾與中大夫賁赫有姦情。賁赫聽說了，就裝病不見英布。英布聽說賁赫裝病，更生氣了，便派人去抓賁赫。賁赫就向劉邦誣告英布叛變。英布顧不上抓賁赫，趕緊逃跑，但最終還是被殺死了。

瀟灑走一回

劉如意是劉邦寵妾戚姬所生。因爲戚姬受劉邦寵愛，且又生了個兒子，劉邦感覺非常如意，於是就給這個兒子取名爲劉如意。劉邦實在是不喜歡長子劉盈，感覺他太懦弱了，一點兒也沒有自己的英武之氣。劉邦甚至想廢掉劉盈，改立劉如意爲太子。無奈大臣們都不同意，劉邦只好作罷。但劉盈的太子地位從此便不那麼牢固了。

劉邦病重後，又提起了另立太子的事情。這天，他命人擺宴，準備在酒席上將劉盈廢掉。老謀深算的劉邦打算用項羽曾用過的鴻門宴一招，來對付自己的親骨肉劉盈。偏偏天公不幫劉邦，而是幫劉盈。劉盈來赴宴，但不是一個人，而是帶來了商山四皓。商山四皓是呂雉請來輔佐劉盈的。劉盈無能，商山四皓卻是賢能君子。劉邦無奈，廢太子一事只得再次作罷。

廢太子一事總是不能得逞，戚姬就去劉邦面前哭鬧。劉邦深知他死後，戚姬母子難以活命，可自己年老病重，只有長吁短嘆的份兒。嘆完氣後，劉邦勸戚姬不要再哭了，讓戚姬再給他跳一支舞，他再伴其高歌一曲，權當是人之將死再瀟灑走一回吧！劉邦唱罷，戚姬舞罷後，二人抱頭痛哭。

劉邦病入膏肓，眼看就要踏進鬼門關了，呂雉趕緊派太醫診治。太醫說病能治好，劉邦卻大罵太醫，並說自己的命由天不由己，不讓診治。太醫走後，呂雉讓劉邦留下遺囑，等他駕鶴西去，蕭何也去了之後，誰能夠代替蕭何，劉邦說曹參可以，曹參之後，王陵、陳平、周勃也可以。呂雉再問，劉邦就搖頭說不知道了。豈料這件事情過去沒幾日，劉邦便真的西去了。

＊微歷史大事記＊

西元前二五六年　劉邦生於楚國沛郡豐邑縣。

西元前二二一年　秦始皇統一六國，建立了強大的秦帝國，劉邦試吏為秦國泗水郡的泗水亭長。

西元前二〇九年　楚人陳勝、吳廣在大澤鄉發動起義，劉邦在楚故地沛縣回應，成為秦末農民義軍主要領袖之一。

西元前二〇八年　劉邦受楚懷王之命西征滅秦。

西元前二〇七年　劉邦首先入關推翻暴秦，並約法三章穩定局勢。

西元前二〇六年　劉邦受封為漢王，建立漢國，漢朝由此肇基。

西元前二〇六年　劉邦拜韓信為大將軍。

西元前二〇六年　劉邦依韓信「明修棧道，暗渡陳倉」之計，平定三秦，佔領關中。

西元前二〇二年　垓下之戰用四面楚歌之計，一邊減少傷亡，一邊擊敗項羽，滅楚國。

西元前二〇二年　劉邦統一中國，在定陶登基稱帝，建立漢朝。

西元前二〇二年　劉邦定都長安。

西元前一九九年　與匈奴和親。領兵親征，平定韓王信餘寇，擊敗了韓王信與匈奴的勾結勢力。

西元前一九五年　劉邦駕崩，終年六十二歲。

第二章 惡毒婦人是呂后

白雪公主的媽媽

呂雉剛嫁給劉邦時，也算得上是一個賢慧的女人。劉邦本就遊手好閒，不肯幹農活，雖說當了官，吃了點國家俸祿，但還不夠他一個人揮霍。呂雉無奈，只好擔起家庭的重擔了。曾經的千金大小姐不僅要孝敬公婆、養育兒女，還得下地幹活。就這樣，年復一年，日復一日，纖纖玉手變得粗糙，皮膚也曬黑了，和其他村姑沒什麼兩樣。

劉邦未死之時，陳平就看出呂后想掌權。如今聽聞劉邦死了，知道呂雉必定要殺劉邦的舊臣。陳平不僅計謀過人，演技也堪稱一絕。前去哭喪時，陳平哭得是涕泗交

流。說來也怪，男人怕看見女人哭，一哭就手足無措或者趕緊閃人；可陳平這一哭，竟也把呂雉給哭得捨不得殺他了。可見，女人也怕看見男人哭，男人的眼淚也是能救命的。

古人不讓女人參政，按說有一定道理。且不說「婦人之仁」、「唯女子與小人難養也」，女人一旦參政，思想多半是偏激可怕的。劉邦一死，呂雉與劉邦生的長子劉盈，就順理成章地成了皇帝，呂雉就是皇太后。然而，呂雉可不是一盞省油的燈，別的太后要讓皇帝兒子三分，她可不讓。劉盈懦弱，而呂雉兇悍，因此劉盈自小就害怕呂雉，即便當了皇帝，還是得聽呂雉的。

劉邦的寵妾戚姬不僅舞跳得好，還是一個「歌星」。劉邦死後，呂雉讓戚姬去冷宮裏春米。這活兒太辛苦了，戚姬爲了打發這種痛苦的日子，就自己創作了一首《春米歌》，並且一邊勞動一邊唱。雖然日子難熬，可她還有希望，還有兒子，她相信兒子會來救她的。她還把希望兒子來救她的心願也加到了歌詞裏。呂雉爲了斷她的念想，便把她的兒子給殺了。

雖然說「無毒不丈夫」，可也有「最毒婦人心」之說。女人要是惡毒起來，是非常可怕的。就說這呂雉，自嘆自己不如戚姬年輕貌美，在劉邦生前不能與她爭寵。現在，劉邦這老頭子總算是死了，看誰還會顧著你。她先把戚姬的四肢剁去，再挖掉雙眼，毒聾耳朵，最後是下藥把她嗓子弄啞。做完這一切還不甘休，又把戚姬扔到地窖裏，取名「人彘」。

戚姬的兒子劉如意是被呂雉用毒酒害死的。一次，劉盈和弟弟劉如意相約去打獵。可是，劉如意貪睡，死活不起床，劉盈等不及就走了。這也給呂雉提供了良機，因為這些天劉盈一直陪在弟弟身邊，就是怕惡毒的老媽來害弟弟。呂雉逮著機會就不肯放過，趕緊派人強行把毒酒灌到劉如意的口中，劉如意就這樣被毒死了。

劉盈坐上皇位不久，就目睹了他母親呂雉的種種惡毒行為，感到非常痛心。為此，劉盈還生了一場大病。病好之後，他托人給呂雉捎去一句話，譴責呂雉做的事情簡直不像人做的，並說他從此不會再管理國家。呂雉一聽，火冒三丈，兒子竟然敢辱罵自己的母親？可氣歸氣，這樣一來，她便可以大權在握、為所欲為了。

大漢由女人輔助一位懦弱的皇帝，而匈奴卻正日益強大。漢惠帝二年，西漢又送了一位女子去匈奴和親。這次，匈奴卻偏偏不接受。冒頓單于還給漢朝寫了一封信，調戲呂雉，說呂雉死了丈夫，他也死了老婆，兩人正好配對。呂雉也回了一封信，說她已經人老珠黃，單于見了會被嚇死的，同時附贈上豐厚的禮物，單于頓覺漢朝禮儀之大，這才接受了和親。

女人的政治欲望大了，常會做出一些不可思議的事情。劉盈剛舉行完成人儀式，呂雉就忙著給兒子找老婆。爲了鞏固自己的政治地位，她給兒子找的老婆不是別人，正是她的親外孫女，劉盈的親外甥女。

這個政治欲望極強的女人真是雷死人不償命，這說好聽點是親上加親，不好聽就是亂倫。可劉盈一直都十分懼怕他老媽，所以只能接受。

呂雉想利用她的外甥女鞏固自己的權力，希望外甥女張嫣能給她生個孫子。可是，呂雉這回是真的想錯了，她自己爲了權力可以不顧別人的感受，做出此等禽獸不如的事情，可她兒子劉盈卻做不到，他對張嫣只有舅舅對外甥女的愛。一直到劉盈死了，張嫣也沒能爲呂雉生出一個孫子。

呂雉的兒媳婦張嫣，是中國第一個處女皇后。誅殺諸呂的時候，朝野上下都知道張嫣與呂雉亂政無關，就沒有把她殺死。可惜花容月貌的她在宮中默默地生活了十七年，她死的時候才三十六歲。

張嫣將要被埋葬時，宮女們爲她淨身，發現她還是一個處女。人們無不懷念和憐惜這個政治的陪葬品與犧牲品，就爲她立了廟，尊她爲花神。

劉盈臨死前，竟然發生了兩次百年不遇的怪事——日食，其中一次是日全食。當時的人們認爲太陽代表太子。太子被遮住了，即說明什麼？它預示著陰氣遮擋了陽氣，劉盈即將命歸黃泉，太后呂雉要掌握大權。說來也真邪門，沒過多久，劉盈真的死了，呂雉也真的掌握了大權。

呂雉想封自己的娘家人爲王。右丞相王陵個性直率，不會察言觀色，馬上跳出來反對，他將劉邦生前「非劉氏而王，天下共擊之」的盟約搬了出來。呂雉一聽大怒，老虎不發威，你當我是病貓啊！你這個不知死活的東西，也不知自己長了幾顆腦袋，竟敢跟我作對。事後，王陵被貶，相權被奪。這讓呂雉很得意：哼！沒有你王陵，地球照樣轉！

呂雉給娘家人封了王，也沒忘了給審食其好處。原來審食其是個老白臉，他和呂雉早就勾搭上了，二人曾在項羽的大牢中共過患難。劉邦稱帝後，把呂雉冷落了。審食其這人沒什麼別的本事，卻是個情場高手，很會哄呂雉開心。搭上呂雉這個富婆加政治家，也算他審食其有福氣。呂雉自然也要給她的情人一些好處，於是就升審食其爲左丞相。

呂雉的政治手腕是一套一套的，時常讓人弄不清楚她的真正目的。她大方地給劉氏子弟封王，封完王還給劉氏子弟找老婆。不過，找的老婆都是姓呂的，還要求劉氏子弟把呂姓媳婦立爲正品夫人。劉友思想倒很前衛，他喜歡自由戀愛，就冷落了正品

夫人，還聲稱要殺盡呂氏。呂雉聽說後，就把劉友害死了。

呂雉收拾完幾個劉氏子孫後，還不過癮，又把矛頭指向了劉恆。劉恆的母親薄姬曾經被劉邦冷落，但也是因爲被冷落而沒有遭到呂雉的殺害。劉恆也是個聰明人，知道呂雉給他封王是別有用心，因爲在這之前已經死了很多劉姓王，所以就不接受呂雉的封賞。劉恆不接受封王正合呂雉的意，這樣她就可以順理成章地封呂姓王了，劉恆也因此躲過了一死。

呂雉大權在握，劉氏子孫中鮮有人敢站出來和她挑戰，可劉章卻是一個例外。一次，呂雉辦酒宴，讓劉章當酒吏。劉章就說了規則，不准私自逃跑，逃跑就殺頭。呂雉只是隨口答應，她倒要看看劉章能玩出什麼花樣。劉章讓眾人都海喝，可有一個呂姓人喝不了，想偷偷逃走，被劉章一劍上去砍下了頭顱。劉章這一招，雖沒有動搖呂雉的根基，也算敲山震虎了一回。

呂雉臨朝稱制後，大肆封呂姓王。陸賈深知呂雉毒辣，不容易被說服，就裝病回家躲禍。陸賈是個識時務的人，朝堂上的人值得自己輔佐就出山，不值得就閉門謝客。陸賈在家中過得可真是自在逍遙。他養了一班侍女，教習歌舞，自己倒也是老有所樂，天天一邊吃喝，一邊看侍女歌舞。管你朝堂上有多亂，我只冷眼旁觀，還可以如看戲一般。

呂雉幾乎把朝堂上與她作對的大臣與武將都收拾得差不多了，陳平和周勃的權力也被呂雉給架空了。陳平天天愁悶，天天提心吊膽。之前的同事陸賈給他出了個主意：現在天下危難，你一定要和周勃交好。將相和了，朝臣就歸附你們，就算天下變了，權力也必定在你們兩個手中。陳平覺得這是個好主意，便開始和周勃交好，等待著天下大變時，收拾呂氏家族。

後宮誰最大

大漢朝自劉邦以來，基本上沒有出過什麼怪事，可呂雉這個女人一當家，就怪事連連：日食、月食、洪水氾濫、冬天桃李開花、六月飛雪。當然，一連串的怪事也嚇壞了這個當家的女人，於是她趕緊去灞上祈福。去灞上的路上，一個像蒼狗一樣的東西飛到了呂雉的腋下。從此以後，呂雉的腋下表面上看什麼事也沒有，感覺卻像有蛇爬、有蜈蚣走動、有蜘蛛結網……

呂雉突然身染重病，臥床不起。母夜叉呂雉總算是惡有惡報，這可高興壞了痛恨她的人。呂雉明明有病，太醫卻看不出什麼病。呂雉不但身體上痛苦難熬，精神上也好不到哪裡去，一會兒夢到被她害死的人來找她報仇，一會兒夢到黑白無常來找她索

命。真是醒來了身體難受，睡著了精神崩潰，眼看這個女人就快要熬不住了。

聰明一世的呂雉也會打錯如意算盤。她本想把呂姓男人都封王封臣，呂姓女人都嫁給劉氏子弟充當間諜。但是，呂雉萬萬沒有想到此舉是搬起磚頭砸自己的腳，她給劉章送的正品夫人成了反間諜。反間諜正是呂祿的女兒，她本意是擔心呂雉死後，自己的父親會被誅殺。因此，父親這邊一有風吹草動，就趕緊給劉章彙報，結果給呂氏家族帶來了滅門之禍。

呂雉爲人狠毒，對娘家人卻是「鞠躬盡瘁，死而後已」。她感覺自己快撐不住了，就告知親人們：皇帝年幼，千萬要提防朝臣們兵變。我死後就不要給我送葬了，你們要做的是把守好宮室，一定要挾制住皇帝。結果呂雉死後，真的沒有人給她送葬。曾經威風八面的皇后、曾經叱吒風雲的皇太后、曾經想讓呂氏稱霸天下的女人，就這樣淒慘冷清地消失在了這個世界。

劉章率先發起了誅呂兵變，劉襄也傳檄天下。呂雉是把門面支撐起來了，可家門中卻沒有能成事的人。呂產看事情不妙，竟然派灌嬰迎擊劉襄。真是個豬腦袋，竟然不知道灌嬰對劉氏忠心耿耿，他這樣做反而是幫助了劉氏。呂產更不知道，劉襄和灌嬰早就有約定，一個在濟南郡，一個在滎陽，只要長安有兵變，就兩軍齊發。這倒好，灌嬰反過來誅殺起呂氏來了。

劉章有勇有謀，是劉邦皇孫輩中的佼佼者，帶兵打仗也是數一數二的。大戰呂產時，他竟然能以少勝多。據說，兩軍相鬥得正激烈時，呂產軍旗突然被狂風折斷，接著天就黑了，嚇得呂產大軍沒有一人敢繼續戰鬥。呂產趕緊逃竄，劉章乘勝追擊。呂產無處可藏，竟然藏到了廁所裏。劉章一腳踢開廁所門，見呂產蹲在那裏發抖，便一刀砍了下去，呂產人頭落地。

呂產、呂祿已被除掉，此時，周勃開始大開殺戒。不論是朝堂上的要員，還是地方的小芝麻官；不論是白髮老人，還是黃口小兒；不論是魁梧的硬漢，還是手無縛雞之力的女人，只要是呂家人，一律誅殺。這都是拜呂雉所賜。呂雉當初殺劉氏子孫的時候，可沒有心慈手軟過。這也算是「善有善報，惡有惡報，不是不報，時候未到」。

＊微歷史大事記＊

西元前二四一年　呂雉生於秦代單父縣。

西元前二〇五年　劉邦為項羽所敗，劉邦的父母和呂雉被俘，做了兩年人質。

西元前二〇三年秋　呂雉歸漢後，留守關中。

西元前二〇二年　劉邦登基稱帝，封呂雉為皇后，人稱呂后。

西元前一九五年　劉邦駕崩。十七歲的劉盈即帝位，呂雉為太后。劉盈年幼仁弱，大權操在呂太后手中。

西元前一八八年　惠帝劉盈憂鬱病逝，（前）少帝劉恭即位，呂太后臨朝稱制，行使皇帝職權，為中國皇后專政的第一人。

西元前一八四年　呂太后殺少帝劉恭，立劉弘為（後）少帝。

西元前一八〇年　呂太后病死，終年六十二歲，與漢高祖合葬長陵。

第三章 愛民如子漢文帝

天上掉下來的王位

劉恆的母親薄姬本是南方的吳國人。魏王魏豹聽相面的人說薄姬能生天子，就把薄姬弄到了宮中。劉邦打敗魏王豹時，把魏王宮中所有的宮女都擄到了滎陽做苦工。一天，劉邦到滎陽視察，發現這個女子柔弱動人，就把她帶回了長安。可是，後宮美女如雲的劉邦，很快就把她忘到九霄雲外去了。

薄姬相對於其他宮女來說，是非常幸運的。一次，劉邦和兩個美人正在調情，兩個美人爲了討好劉邦，就把薄姬的故事當作笑話講給劉邦聽。劉邦一聽，竟馬上決定要臨幸薄姬。薄姬來了，劉邦一看，見她瘦弱得不像樣子，就沒有了興致，擺手讓她

走。誰知，這薄姬很聰明，馬上就對劉邦說，她昨晚夢到和龍交合。劉邦大喜，覺得是個祥兆，就臨幸了她。後來，薄姬就生下了劉恆。

劉恆在劉邦的眾子中，是最不顯眼的一個，主要是因爲他的母親。劉邦心血來潮寵幸了薄姬一次，就生下了劉恆；劉恆出生後，薄姬卻遭到了劉邦的冷落。她的地位一直是「姬」，連個「夫人」也沒有升到。爲此，劉恆從來不敢惹事，這倒給公眾留下了一個好印象。劉恆八歲時，三十多位大臣共同保舉他做了代王。地位雖不高，卻恰好幫劉恆躲過了呂后的迫害，使他幸運地活了下來。

呂氏被剷除後，大家都在議論誰可以當皇帝。朝臣們認爲，劉襄雖然在剷除呂氏家族中立下了大功，但是，千萬不可好了傷疤忘了疼。劉襄的母舅家爲人太過蠻橫，爲了防止重蹈覆轍，千萬不能選他。呂氏家族的教訓讓朝臣開始轉變觀念，認爲皇帝的最佳人選應該是母舅家比較溫順的。於是，大家全票選舉了劉恆。因爲劉恆的母親薄姬從不拉幫結派，更何況，她的娘家已經破散了。

劉恆被大家一致推舉爲皇帝，他自己簡直不敢相信，因爲溫順的母親給他的影響就是與世無爭。況且，誅滅呂氏，他劉恆沒有出一點力，論品格、資歷、朝中勢力，怎麼也輪不到他做皇帝啊。天上突然不掉鳥屎，開始掉餡餅了，這等好事到底是真還是假？去還是不去？一向謹慎小心的劉恆舉棋不定。後來，在大臣們的勸說下，劉恆才最終決定前往長安。

劉恆準備去長安即位，便先來辭別母親，問母親自己能不能去。這老太太沒有什麼主見，只有一個獨門功夫：卜卦。這一卦竟然是這樣顯示的：龜甲上出現了一條大大的横向裂紋。卜者說這是大横的意思。說明此次去長安，是要做天子的。

劉恆愛賣關子。眾臣已經把他迎回了長安，玉璽和符節都交給了他。可他卻說，自己年輕不懂事，經驗不足，恐怕不能勝任，先暫且保管這些東西，等找到合適的人選後，再給人家。於是，又在官邸住了好幾個月。其實，這段時間他一直在觀察外面的動靜，思忖著怎樣才能讓宗族和文臣武將們服氣。眾人都等得不耐煩了，他還是沒有動靜。眾人又苦苦哀求，劉恆這才答應。

別看劉恆表面上仁厚，其實也是個有心機的人。劉恆的母親薄姬終於熬到頭了，讓兒子再次封賞誅殺呂氏有功的人。可劉恆卻對劉肥的三個兒子不滿，因爲他深知劉章、劉興居本意是想立劉襄爲皇帝。雖然這三人功勞大，可都是在爲自己作打算。劉恆心裏總是感覺有疙瘩，便從齊國割了兩地給劉章、劉興居。好不容易等到了封賞，卻是齊國被割，而且封地又小，這使得三兄弟滿腹怨言。

劉恆知道自己的皇位得來不易，所以也深知鞏固政權的重要性。劉恆即位後，先是任命心腹負責守衛皇宮、京城，好從根本上保證自己的人身安全；然後把推舉他做

皇帝的功臣們也都一一予以封官、進爵、賞賜；同時也恢復了曾被呂后貶斥的劉姓王的稱號和封地；曾經跟隨高祖劉邦的開國功臣們也都分別得到了賞賜、分封。這些舉措都使文帝的帝位得到了進一步的鞏固。

Q 皇帝的品格

劉恆除了運用拉攏的手段鞏固權勢外，還懂得運用打擊重臣的手段，大功臣周勃就是一例。周勃自認爲擁立文帝有功，非常驕橫，連文帝也不放在眼裏。文帝偏偏對他更加有禮。陳平謝世，文帝就任命他做丞相，後來又以列侯歸封國爲藉口免除了他的相職。當有人舉報周勃在家常身披盔甲，有謀反之心時，文帝馬上就逮捕了他。

劉恆是個孝子，當了皇帝後的劉恆，對母親仍然像以前一樣的孝敬。都說「久病床前無孝子」，但劉恆就是個久病床前的孝子。薄太后有一次得了重病，而且一病就是三年。劉恆不僅派人到處尋良醫，還親自爲母親煎藥。藥煎好後，還先爲母親嘗一嘗，看看苦不苦、燙不燙，要是燙就爲母親吹涼，把母親感動得直掉淚。自此，劉恆孝順的美名也被人們廣爲流傳。

劉恆非常節儉，這在皇帝中是非常少見的。別看他是皇帝，一件龍袍能穿二十多年，褪了色不說，上面還縫了許多補丁，不知道的人還以爲他是個撿了龍袍的叫花子呢！其實他不是守財奴，也不是故意作秀，而是他一直信奉黃老思想中的「慈」、「儉」。在他的帶領下，連後宮都變得不再有奢侈攀比之風了。

劉恆不僅在吃穿上很節儉，連出行用的東西也儘量做到了節儉。有一天，有人獻給他一匹千里馬。文帝卻說自己坐鸞車就可以了，要千里馬沒有用。後來，他不僅把千里馬退給了人家，還命人按里程計算了送千里馬所用的費用，一併給了人家。之後，他又詔告天下，他自己帶頭不收獻禮，朝堂上下也不准收禮。

很多人爲爭當皇帝拼得你死我活，可劉恆卻差點把寶座給扔了。劉恆坐上皇帝寶座，一切安定後，派人去接他的家眷。但是，在回長安的途中，他與髮妻所生的四個兒子突然死了。這讓劉恆悲痛至極，他認爲這是天意，要是他不當皇帝，或許孩子們就不會死。於是，他就對大臣們說要把皇位讓給他的兄弟們。大臣們可嚇壞了，爲了擁立他當皇帝，把別人都得罪完了，讓其他人當皇帝是萬萬不可的。大臣們好說歹說，這才打消了他的念頭。

劉恆的皇后竇漪房不是豪門大戶，也不是官宦子女，只是一個農家女子。漢惠帝時，她以家人子的身分應召入宮，侍奉呂后左右。呂雉爲了鞏固自己的權位，便以送美人爲名，將自己的侍女送到各個劉氏王族身邊充當奸細，竇漪房就這麼被送給了當

時還是代王的劉恆。幸運的是，劉恆對她一見鍾情，而且很專情。劉恆稱帝後，她也成了皇后。

竇漪房與文帝的恩愛，在古代宮廷中是非常少見的。哪個皇帝不是三宮六院，穿梭在各色妃嬪之間？但劉恆就是個例外。他專寵竇漪房，直到中年仍是如此，而薄太后爲他挑選的美女，也都被以浪費國家財產爲由給遣送回了家。

但中年之後的竇漪房仍沒逃過古代女子君恩不再的命運。四十多歲的竇漪房在一場大病後視力下降，雙目的失明令她的美麗大打折扣，文帝逐漸開始冷落她，而寵幸慎夫人和尹姬。只是這兩個人沒有子嗣，所以並不能動搖竇漪房的皇后之位，竇漪房也沒將她們放在眼裏。真正令她開始不安的是鄧通的出現。

鄧通來到劉恆身邊，源自劉恆的一個夢。一天晚上，劉恆夢到自己被一個人推上了天。能升天是多好的事情，於是劉恆趕緊派人根據自己所夢到的情形，去找把他推上天的人。人很快就找到了，就是鄧通。自此，劉恆開始寵愛這個夢中情人。

一天，劉恆的背上長了一個毒瘡，紅腫流膿，疼痛難忍。御醫藥方也治不好，竟然疼暈了過去。鄧通在一旁著急，見文帝昏死過去，情急之下，就用嘴給文帝吸膿。也真是奇怪，竟然把文帝的毒瘡給吸好了。文帝發現是鄧通救了自己，非常感動，自此更加寵信鄧通。

鄧通是被餓死的。一天，文帝請術士給鄧通看相。術士說，鄧通以後會因貧困而餓死。文帝聽後很不高興，於是下詔書，把蜀郡嚴道縣的銅山賜給了鄧通，並允許鄧通鑄錢。鄧通從此富可敵國。文帝死後，太子劉啓即位。鄧通曾得罪過劉啓，因此劉啓即位後，首先做的就是把鄧通革職，並沒收他的所有家產。最後果真如術士所說，落了個餓死街頭的下場。

＊微歷史大事記＊

西元前二〇三年　劉恆出生。

西元前一九六年　初封代王。

西元前一九五年　代王劉恆與母親薄姬、舅舅薄昭等就封國。

西元前一八〇年　入主漢宮，功臣集團周勃、陳平與皇族集團劉章互相妥協，擁立代王劉恆即位。以周勃為右丞相，原右丞相陳平遷左丞相，灌嬰為太尉。

西元前一七九年　文帝前元元年，立長子劉啟為太子，竇漪房成為皇后，母儀天下。

西元前一七四年　漢高祖七子劉長通匈奴謀反，被發配蜀郡，後死。同年，梟雄冒頓單于死。

西元前一七〇年　文帝前元十年，文帝殺舅。

西元前一六六年　文帝前元十四年冬，老上單于謀入邊為寇，漢文帝欲親自出擊匈奴，被太后薄姬阻。這次發現了嚴將軍程不識、飛將軍李廣。

西元前一五七年　文帝後七年，漢文帝駕崩。

第四章 英明君主漢景帝

七國有夠亂

漢景帝的母親竇太后是個偏心眼，由於漢文帝的髮妻生下的四個兒子都不知爲什麼突然死了，竇太后生的長子劉啓自然就成了太子。文帝死後，劉啓便繼承了皇位。但是，竇氏非常寵愛小兒子劉武，而景帝的皇后又一直無所出，太子之位空懸，竇氏便希望景帝死後能將皇位傳給劉武。

漢景帝劉啓坐上皇帝寶座才三年，就爆發了「七國之亂」。這次叛亂是漢文帝留下的安全隱患。早在漢文帝時期，大臣們就主張削藩。但文帝仁愛，同時也礙於形勢，一直沒有實行。直到景帝時期，削藩政策重提，七國之亂終於爆發。好在景帝用

人得當、措施得力，很快就平息了這場叛亂。

「七國之亂」的導火線就是《削藩策》。景帝重用晁錯，並採納了晁錯的《削藩策》，打算以此削去藩王勢力，加強中央集權。可是，使者到了吳國，卻被吳王劉濞殺了。劉濞妖言惑眾，聯合諸王說晁錯乃是佞臣，要求景帝把他殺了。景帝以爲殺了晁錯，七國就會罷兵。可誰知，發出招降書時，劉濞卻說景帝沒有資格管他，景帝這才清楚地認識到劉濞的狼子野心。

劉濞想造反的事情是早有預謀的，只是景帝一直被蒙在鼓裏。袁盎曾是吳國劉濞的國相，國相是朝廷派出的官員，擔任著管理諸侯國的內政，監視諸侯王的責任。劉濞的所作所爲，袁盎不是不知道，他是知道了卻不對景帝說，爲什麼呢？因爲，劉濞常常賞賜給他大筆財物。袁盎貪圖富貴，所以就沒有將吳國的事情上報，致使劉濞的造反準備工作進行得神不知鬼不覺。

劉濞一直不尊敬漢景帝，是有原因的。景帝還是太子時，劉濞的兒子吳王子朝見漢文帝，曾和太子劉啓下棋，兩人爲了一點小事吵了起來。劉啓脾氣暴躁，一氣之下用棋盤砸向吳王子，吳王子竟然被砸死了。文帝派人將屍體運回了吳國，劉濞氣憤地說，本是一家人，死了就應該葬在長安，接著又把屍體運回了長安。自此，劉濞就再也沒去長安朝見過皇帝。

漢景帝很善於用人。七國叛亂的消息傳到長安後，景帝立即任命中尉周亞夫爲太尉。周亞夫很有軍事才能，他曾向景帝獻計說，楚兵勇猛，正面交鋒不容易取勝，如果放棄梁國，再斷絕吳楚糧道，就比較容易取勝了。後來，周亞夫果真順利地避開吳楚的伏兵，取得了勝利。而吳王劉濞雖然也招攬了不少願爲他賣命的人，但只是白白地養著人家，並沒有真正任用他們。

給兒子還是給弟弟？

漢景帝劉啓和父親劉恆的品性很像。劉恆愛民如子，推崇黃老哲學，劉啓亦是如此。劉恆減輕刑罰，劉啓就再減輕。劉恆喜愛自己的幼弟劉長，常與劉長同輦共乘；劉啓也喜愛自己的弟弟劉武，也常與劉武同輦共乘。這對父子就像複製的一樣。

漢景帝劉啓非常溺愛自己的弟弟劉武。因爲景帝還沒有立太子，太子之位暫時空缺，太子的儀仗自然就被閒置了，劉啓卻允許劉武使用太子的儀仗。劉啓對這件事情根本沒有多想，倒是他的老媽竇太后看在眼裏，喜在心裏。竇太后本來就非常喜愛這個幼子，早就想讓他繼承帝位了。

袁盎是辯論會的開山始祖。漢景帝的母親竇太后晚年干預朝政，不惜違背「祖

制」，想讓景帝死後把皇位傳給她溺愛的小兒子劉武。景帝是個聰明人，不想得罪他的母親，就問眾臣怎麼辦。於是，袁盎就帶領著眾臣一起找太后辯論。竇太后一看來了黑壓壓一片人，氣勢立馬就減了大半。袁盎與竇太后你一言、我一語地辯論，最後以袁盎的勝出而告終。

劉武仗著母親竇太后和皇兄景帝的寵愛，恃寵而驕，膽大妄爲。他有事沒事就往竇太后那裏跑，對竇太后軟磨硬泡，希望她能說服兄長，把皇位傳給自己。景帝就拿這件事去問袁盎等通曉經術的大臣，大臣們都說不可。劉武卻把這件事記在了心上，認爲自己不能當皇帝是因爲袁盎等人的阻撓。於是，他就派人將袁盎殺了。

劉武是得熱病死的。劉武因殺袁盎而獲罪。雖然他的死罪被赦免了，可他自從經歷過這些波折之後，便變得鬱鬱寡歡、精神恍惚了。一次，他去山上打獵，有人獻給了他一頭畸形的牛，牛蹄子竟然長到了牛背上。劉武頓時如夢魘了一般，非說那牛是妖怪，將會給自己招來災難。沒過幾個月，他就得熱病死了。

因薄皇后無子，長子的身分就落在了庶出的劉榮身上了。景帝終於下定決心，立劉榮爲太子。

漢景帝是個不計私仇的人。在他還是太子時，他和梁王乘馬車上朝，進司馬門時，沒有按規矩下馬。張釋之當時是廷尉，竟毫不徇私情地把他們扣押了。然後，又上書彈劾太子，迫得文帝只好承認自己教子無方。後來，薄太后出面，才赦免了他們。景帝即位後，張釋之害怕景帝報復自己，就稱病辭職。景帝看他是個人才，便仍讓他任原職。

漢景帝是個公私分明、明辨是非的人。竇嬰本是外戚，平定七國之亂時也出過力，的確很有才幹。景帝封他爲大將軍，竇嬰也很爭氣，表現得很出色。竇太后出於對娘家人的偏心，便要景帝封竇嬰爲丞相。可景帝感覺不妥貼，他認爲丞相應該由學識淵博、處事穩重的人來擔任，就沒有答應，致使竇太后一直埋怨他。

景帝的姐姐劉嫖是個很有心機的人。爲了討好景帝，劉嫖總是向他進獻美人。這些美人都希望景帝能看中自己，也都知道劉嫖在宮中有勢力，於是紛紛贈送劉嫖金錢和禮物，希望劉嫖能把自己進獻給景帝。劉嫖倒很樂意這個差事，將來這些美人若受了寵幸，就欠了自己人情，肯定會爲自己效力，同時還能討好弟弟。一舉兩得的事情，她很樂意幹。

景帝立劉榮爲太子後，劉嫖就開始打起了新太子的主意，準備將女兒阿嬌嫁給劉榮爲妃。於是，劉嫖就向栗姬說好話。栗姬早就對劉嫖屢次給景帝進獻美人之事不滿，並且非常討厭劉嫖見風使舵的本性，因此拒絕了她。劉嫖很惱火，準備伺機報復

栗姬。後來，她又選中了王娡的兒子劉徹。王娡勢單力薄，就答應了她的條件。

劉嫖把女兒像踢皮球一樣踢給劉徹後，感覺女兒嫁個膠東王不划算，她的野心是想讓女兒當皇后。於是，劉嫖不斷地在景帝面前說栗姬的壞話，同時又稱讚王娡的兒子劉徹。由於長公主的挑撥離間，景帝終於厭惡了栗姬，並廢掉了劉榮的太子之位，立劉徹爲太子。一旦劉徹成了太子，女兒當皇后也就指日可待了。

景帝廢掉栗姬之子劉榮之前，還是於心不忍的。有一次，景帝生病了，他試探栗姬說，等他死之後，希望栗姬能善待他的兒子和妃子們。栗姬當時正有煩心事，不僅沒有答應，還口出惡言。景帝當時對栗姬非常失望。這時，王娡出場了，她知道這時必須火上澆油方可起效。她假意命一位大臣推舉栗姬代替剛被廢的薄皇后。景帝大怒，終於廢掉了栗姬所生的劉榮。

劉徹沒有當上太子時，漢景帝就有立他爲太子的念頭了。劉徹天生聰穎，記憶力驚人，能過目不忘，漢景帝一直都很喜歡他。在劉徹三歲的時候，景帝把他抱在懷裏問他，喜歡當皇帝嗎?劉徹說，那不是孩兒說了算的，要看老天的安排，我只希望能天天在父皇面前玩耍。他的可愛回答讓景帝更加喜歡他了。

漢景帝廢掉的太子劉榮是在獄中自殺而死的。劉榮被廢後，被降爲了臨江王，母親栗姬也被打進了冷宮。劉榮一直感覺不公平，心裏很窩囊。誰知，蒼蠅專叮有縫的蛋。臨江王劉榮因爲不小心犯了法，被押回京城審訊，在獄中被嚴刑拷打。劉榮實在無法忍受折磨，無比悲傷地給景帝留下了一封謝罪信，然後就在獄中自殺身亡了。

漢景帝病重時，對劉徹能否當一個稱職的皇帝是很放心的。景帝感覺自己將要西去時，下令賞賜諸侯王和列侯，小吏和百姓也都得到了賞賜。然後又將服侍他的宮女遣送回家，終身不再服役。做完這些，景帝才把劉徹叫到身邊，囑咐道：「人不患其不知，患其爲詐也；不患其不勇，患其爲暴也。」說完，他便安心地去了。他深知不用多說，兒子也能當好這個皇帝。

名將與名相

衛綰是個善於忍耐的人。景帝在當太子時曾經請過衛綰吃飯，衛綰竟然不去。劉啓當了皇帝後，天天讓衛綰跟在自己後面。劉啓心想，讓你天天跟在我身邊，我就不信你不出一點差錯，不露出一點馬腳。可是，衛綰這個老鬼就是能忍耐，劉啓一點錯也沒有找著。

衛綰品行很好。一次，景帝賞給了衛綰一把寶劍。衛綰嚇了一跳，以爲景帝要他自裁。衛綰抬頭看了景帝一眼，發現景帝不像是要殺自己，於是說，先皇曾賜給我六

把寶劍，我都放著呢。景帝很吃驚，就讓其拿來看，果然都沒有開封，立即對衛綰刮目相看。因爲當時人們常常以劍送人或交換他物，更何況是皇帝賞賜的寶劍呢！

衛綰的做官之道就是謹言慎行。在文帝、景帝時期，衛綰都很會做人，從不在老板面前賣弄學問，更不會強出頭，正是因爲他有自己的一套官場的成功經驗教訓，他才能在工作上一帆風順，一直做到宰相的位置。

早在漢景帝時期，李廣就「小荷才露尖尖角」了。李廣的先祖是秦國的名將李信，可謂是將門出身。他自己獨創了一種「不入流」的治軍方法，將他的部隊訓練得簡單、靈活機動、善於應變，而這也非常適合塞外作戰。匈奴人一聽到李廣來了就很害怕，一聽到李廣離去就很高興，把李廣當成瘟神一樣。

李廣的「飛將軍」稱號真可謂名不虛傳。他一個人就有萬夫不敵之勇，單兵作戰能力非常強。一次，和匈奴作戰，他化裝成小兵去「忽悠」敵軍。匈奴人都是粗野無謀之人，根本看不出其中的蹊蹺，以至於麻痹大意，使李廣僅以一個小兵的身分就斬殺無數。匈奴人知道上當後，李廣早已殺完人，瀟灑地揚長而去了。

李廣帶兵打仗是一流，卻沒有政治頭腦。他跟隨周亞夫平息吳王叛亂勝利後，竟然接受了梁王劉武的賞賜和印信。按照漢朝的法律，作爲一名漢朝的將領，接受諸侯王的賞賜就代表對漢朝不忠。可是，他卻樂呵呵地接受了。景帝知道後很生氣。但念在他平息叛亂有功，景帝沒有降罪於他，就讓他功過相抵，不再給他賞賜。

李廣的射箭技術十分高超。一次，李廣出去打獵，回來時天都黑透了。他看不清楚路，恍恍惚惚中看到一隻老虎臥在草叢中。他趕緊拿出弓箭，使足勁射了出去。可是，老虎竟然連吭也不吭一聲。李廣很納悶，找了半天也沒有找到。等他第二天又路過這裏的時候，發現有一塊像臥虎的大石頭上插著一支箭，怎麼都拔不出來。

李廣當太守時，匈奴又來漢朝邊境找碴，景帝便派了一名大臣來視察。這名大臣性格狂妄，善於騎射。一天，大臣帶著手下閒逛，遇到了三個匈奴人，匈奴人把大臣的幾個手下都射傷了。李廣知道後趕緊去追，殺死了兩個，活捉了一個。後來發現有埋伏，李廣便趕緊裝作若無其事，以此來假裝自己也有大軍在此。雙方僵持了半天，匈奴軍突然出來一位騎白馬的將軍，李廣一箭射死了白馬將軍。匈奴怕漢軍有埋伏，只好撤兵。

漢景帝為了鞏固皇權，除掉了功勞卓著的周亞夫。其實，早有人給周亞夫看過相，說他的命很奇怪，將會大富大貴一段時間，但最終會被餓死。周亞夫不相信。後來，由於他性情過於耿直，多次與景帝意見相左，引起了景帝的不滿。同時，景帝也害怕周亞夫的權勢會威脅到日後劉徹的地位，於是便總是借機刁難他。周亞夫不堪受辱，最後絕食而亡。

＊微歷史大事記＊

西元前一八八年　劉啟出生。

西元前一七九年　劉啟被立為皇太子。

西元前一五七年　漢文帝駕崩，享年四十七歲。劉啟即位，是為漢景帝。

西元前一五四年　諸侯王發動「七國之亂」，十個月後被平定。

西元前一四一年　漢景帝駕崩未央宮中，享年四十八歲。

第五章 一代霸主漢武帝

Q 金屋裡藏的是哪個嬌？

漢武帝的母親王娡在沒有嫁給漢景帝之前，就已經嫁過一次了。王家有女初長成，正處在妙齡時期的王娡出落得亭亭玉立。後來，她嫁給了姓金的一戶人家，而且還生了一個孩子。可劉徹的外祖母找人爲子女卜算時得知，說她女兒將來必定大貴。剛好皇帝派人來選美，於是劉徹的外祖母就將王娡從金家強行接回，並將她進獻給了皇太子劉啓。

漢武帝是紅日入懷而生的。景帝有一天去寵幸王娡，王娡當天晚上做了一個夢。她夢見高祖皇帝劉邦捧了一個紅日送給她，她接過來後，紅日就進入了她的肚子。醒

來之後，王姑就把這個夢告訴了景帝。景帝感覺這是個吉兆，非常高興，就把王姑擢升爲了「美人」。這夜之後，王美人便懷孕了，後來就生下了漢武帝劉徹。

「金屋藏嬌」這個成語出自漢武帝與陳阿嬌的故事。漢武帝還是孩童時，他的姑姑長公主劉嫖問四歲的劉徹想不想要老婆？劉徹說，想要。於是，長公主就指指她身邊的宮女們問可不可以。劉徹都搖頭說不喜歡。最後，她又指自己的女兒說，阿嬌好不好？劉徹高興地說，要是能娶阿嬌，他一定會建一個金屋給她住。長大後，劉徹果然建了一個金屋給陳阿嬌住。

當劉嫖提出讓自己的女兒陳阿嬌嫁給劉徹時，景帝一口回絕了。爲什麼呢？按說這是親上加親的好事，景帝又不是不懂人情世故。原來，陳阿嬌比劉徹大很多。許多書上說的是大四歲，可據考證，陳阿嬌比劉徹大十歲之多。要是才四歲，景帝不可能以孩子太小，不般配來回絕。

漢武帝即位後，第一任皇后是陳阿嬌。可是，陳阿嬌雖然長得傾國傾城，卻沒有給武帝生下一兒半女，漸漸地，劉徹開始嫌棄她，寵幸別的女人。

漢武帝的皇后陳阿嬌果然如她的名字一樣，嬌氣任性，實在是不好對付。陳阿嬌仗著自己老媽是長公主，姥姥是竇太后，所以，就算到了宮裏，脾氣也不知收斂。漢武帝越來越討厭她，小倆口吵架也成了家常便飯。這時，武帝的老媽又開始給兒子出招了：咱母子如今還鬥不過這「三人團」，暫時先遷就她們，制服女人的最佳武器就是「哄」。武帝一用，這招確實靈。

爲了奪回自己的丈夫，陳阿嬌在皇宮中行巫蠱之術。上位者最忌諱巫蠱，東窗事發後，陳阿嬌被打進了冷宮。入冷宮後，她又請司馬相如爲她寫了一篇《長門賦》，期望能以此挽回武帝的心。誰知，武帝只是對《長門賦》表示了稱讚，卻始終未見陳阿嬌。最後，陳阿嬌在冷宮中鬱鬱而終。

犀利小三第一名

陳阿嬌和老媽劉嫖曾經幹過綁架人的勾當。本來陳阿嬌和劉徹是很恩愛的，可衛子夫的出現，卻一下子把武帝的魂給勾走了。於是，陳阿嬌就和老媽劉嫖便想除掉這衛子夫。兩人的第一步計畫是先綁架衛子夫的弟弟衛青，然後殺掉他，借此來刺激衛子夫。可惜，這對母親的招式太沒水準了，衛青人緣太好，被人救了出來。

漢武帝的第二位皇后是衛子夫。衛子夫本是一名歌女，在受到武帝寵幸後，入宮成爲夫人，生下太子劉據後，被封爲皇后。衛子夫人老珠黃後，貪戀美色的武帝便不怎麼願意寵幸她了。江充與太子不和，怕太子登基報復，便誣陷太子參與巫蠱作祟。

劉據被迫起兵反抗，想要抓捕江充，但兵敗自殺。衛子夫也因支持太子而被武帝遷怒，最後懸梁自盡。

宮廷樂師李延年有一個妹妹，貌若天仙，被李延年舉薦給了武帝。劉徹一見，果然很喜歡，立即將其封爲夫人。李夫人很受劉徹的寵愛，生下一男，就是昌邑哀王。可是，李夫人紅顏薄命，不久便生了重病。病痛的折磨讓她變得骨瘦如柴，容貌憔悴不堪。劉徹多次探視，李夫人都拒而不見。她說自己因美貌而得寵，現在變醜了，怕皇帝看到她現在的樣子，會嫌棄她，所以不見。

李夫人在世時，李家因她而獲得榮寵；李夫人離世了，武帝對她的思念也讓李家盛極一時。但人終歸是不在了，武帝對李家的寵愛也日漸消弭。最終，李季因姦亂後宮而被處死，李延年受其牽連，被族誅。李廣利也因密謀推立劉髆爲太子而獲罪，後投降匈奴，被殺。自此，李氏家族盡滅。

漢武帝有一次在北部巡視，有小人說這塊地方有祥雲，肯定有奇女子。武帝就命人找，果然找到了一個美貌無比的女子，只是她有一隻手一直握著拳，誰都掰不開。武帝不信，就讓人把這個女子帶來。武帝看她的確貌美，心裏很高興，再看她的手，確實有一隻一直握著。武帝上前用手輕輕一掰，這女子的手就展開了，手心裏還握著一個玉鉤。她就是武帝的「鉤弋夫人」。

漢武帝所寵幸的后妃，沒有一個是善終的。鉤弋夫人整整懷胎十四個月才生下一個男嬰。武帝老年得子，欣喜若狂。第一個太子被廢後，武帝一直未立太子。他非常喜歡鉤弋夫人所生的劉弗陵，於是就封劉弗陵爲太子，正是後來的漢昭帝。但是，武帝知道自己已是行將就木之人，他死後，子幼母壯，怕再重蹈呂雉的覆轍，就找了莫須有的罪名，處死了鉤弋夫人。

漢武帝死後，鉤弋夫人所生的劉弗陵即位。劉弗陵追封自己的老媽爲皇后、皇太后，並爲她興建陵墓。到了遷葬那一日，突然有異香瀰漫在空中，擴散至方圓十里之遠。人們對此都議論紛紛。等他們打開棺木一看，裏面竟然沒有屍體，只有一隻鞋子。

智慧型君王

漢武帝剛即位時，表面上不理政事，實際上是在麻痺他的奶奶。竇太后總認爲武帝這個孫子，毛還沒有長全，所以凡事都要過問一遍。武帝是個有野心的人，有奶奶在那裏礙事，他實在是施展不開手腳。武帝的老媽王太后深諳女人之術，她對武帝說：你的日子還長著呢，你奶奶好管閒事，就讓她管去，你現在最好裝作貪玩，不理

政事。

漢武帝任用官吏是不拘一格的，不管你是草根還是貴族，只要有才，你就能出人頭地。衛青是奴僕出身；霍去病是奴隸生的兒子；丞相公孫弘、御史大夫兒寬、朱買臣等人都是貧苦平民；御史大夫張湯、廷尉趙禹是小吏。此外，漢武帝還會重用一些諸如越人、匈奴人等外族。如金日磾，他是匈奴俘虜，卻與霍光、上官桀一齊被選爲了托孤的重臣。

漢武帝所器重的董仲舒是一個不折不扣的書呆子。他讀書非常刻苦認真，在家裏閉門攻讀了整整三年。讀書期間，他不僅像個大姑娘一樣，大門不出、二門不邁，甚至連自己家門口種的是什麼菜都不知道，人們就把這叫做「三年不窺園」。後來，董仲舒感覺自己學的東西已經很多了，就由閉關攻讀轉爲戶外教學，到處找尋學者探討學問。

後來，董仲舒讀書刻苦和癡迷的事情傳到了漢武帝那裏。武帝爲了提倡讀書的好風氣，就給董仲舒封了個國事顧問的閒職。

董仲舒還是一個很會教學改革的老師。漢武帝起初並不看重董仲舒，只是給了他一個空頭銜。可是，董仲舒不甘於平凡，就辦起了私人學校。不過，董老師授課的方式很罕見，你只能聽見他的聲音，不能看見他的人。他講課的時候，會站在一條帷幕的後面，學生只能看白白的帷幕。後來，董仲舒又發明了「兵教兵、將教將」的教學方法。

董仲舒教學有方，學生也越收越多，可這並沒有讓他滿足，他想當帝王的老師。董仲舒是儒學老師，而漢朝一直遵奉道教，而且，漢武帝還沒有認識到儒學的好處。於是，董老師又動起了腦筋，他要想辦法讓漢武帝關注他。辦法想出來了，就是效仿孔子口述，學生記錄，把他的見解編寫成書。沒多久，董仲舒就以「公羊派」掌門人自居，終於成功地吸引了漢武帝的注意。

血氣方剛的漢武帝是個愛創新的人。他不想只是繼承祖上那點「家業」，他想讓家業變得更大更強。那麼，武帝是怎麼創新的呢？他那時已經明白，要想有所創新就必須改變思想。於是武帝把目光投向了董仲舒。由於董仲舒很早就做好了準備，武帝的問題，他都能對答如流。董仲舒心裏暗笑：把不住你的脈，我也就不用再當大夫了。

如果說董仲舒是一個好老師的話，漢武帝就是一個好的「教育部部長」。武帝自從和董仲舒接觸後，就深深地愛上了儒學。漢武帝剛開始尊崇儒術新政時，遭到了他歷經四朝的奶奶反對。漢武帝的奶奶正是漢景帝的母親竇漪房。劉家祖上一直尊崇黃老哲學，主張「無爲而治」，竇漪房也很信奉這一點。但她的孫子武帝竟然敢推翻她

的思想，於是她怒斥武帝，禁止他再搞尊儒活動。當時，朝政大權還掌握在竇太后手中。最終，胳膊拗不過大腿，和武帝一起搞新政的人，治罪的治罪、免職的免職，新政還沒有成長就夭折了。

等竇太后死後，他總算可以大幹一場了。其實，在竇太后沒有死之前，武帝也沒有因失敗而氣餒。因爲他明白：奶奶已經是黃土埋到脖子的人了，而他正値青春年少。現在竇太后死了，母親王太后又很寵愛自己，從來不干預朝政，政治上終於沒有阻力了。於是，武帝啓用董仲舒，開始了他的雄才大略。

Q 打通絲路的人

匈奴就像打不死的小強一樣，時時騷擾漢朝邊境。自高祖以來，大漢都懼怕他們，通過不斷與他們和親，使漢朝得以苟安。但漢武帝可不是軟柿子。他對外採取軟硬兼施的手段，一邊實行和親政策，一面對匈奴宣戰，先後派衛青、霍去病征伐，終於奪回了河套和河西走廊地區，擴張了西域版圖，而匈奴則只好蝸居到更北的地方。

張騫沒有通西域之前，西域各國竟然沒有人知道還有一個能與匈奴相抗衡的漢朝。張騫學識淵博，口才極好，再加上他一直保持著一種漢朝大國的氣度，所以無論出使哪個國家，都受到了五星級待遇。憑著張騫的努力，烏孫國王決定派遣使者來朝見漢武帝。漢武帝覺得很有面子，就讓人帶著烏孫使者四處逛逛。烏孫這才知道，自己真是井底之蛙，原來還有比匈奴更強大的國家，從此開始與漢朝交好。

張騫是個細心的人，他會將出使所到的地方都記錄下來。他第一次出使西域雖然經歷了很多磨難，但也見識了很多。有了第一次的經驗後，張騫又派手下去了很多其他國家。就像哥倫布當年發現新大陸一樣，他們先後發現了三十六個國家，還帶回了這些國家的使者。武帝好炫耀，就命人帶這些使者四處巡遊。使者們不禁把漢朝誇爲天朝上國，並且表示很願意和漢朝建交。

漢武帝爲了宣揚國威，每年都派使者訪問各國。使者們出使各國的次數少則五六次，多則十次以上；派出的使者人數少則百十個人，多則幾百個人；而且，他們出使的國家都很遠，比如安息、奄蔡、條支（也就是今天的伊拉克）等國。大漢的使者不僅讓足跡遍佈這些國家，也傳播了中華文化，推動了中西文化交流。武帝爲此深感驕傲自豪。

商人們是最會找商機的。由於張騫等使者們對漢朝文化的傳播，西域商人們紛紛開始湧向大漢。他們自然是來「淘金」的。這「金子」可不是真正意義上的金子，而是和中國互通貿易。他們或出口本國的商品，或進口漢朝的商品。這些商品中最著名

的就是絲織品。就這樣，你一來，我一往，往返的路就形成了著名的「絲綢之路」。

軍事天才——衛青、霍去病

大將軍衛青是個私生子。衛青的母親在平陽公主的夫家做女僕，丈夫死後，與同在府中做事的縣吏鄭季私通，生下了衛青。衛家生活艱苦，衛青就被送到了父親那裏。衛青在鄭家過得很艱難，他的兄弟看不起他，把他當牛馬一樣使喚。稍大一點後，衛青不願再受鄭家的奴役，就回到了母親身邊，在平陽侯府做騎奴。

衛青在當奴隸時，就有相面者說他將來會大紅大紫。一次，衛青作爲奴僕陪同侯爺去見武帝。走到半路上，有一個相士看到了衛青，對衛青說，別看你現在只是個小奴隸，將來可是會封侯的。衛青不信，他想，只要不被人苛責他就心滿意足了。衛青長大後，成了一名騎兵。後來，衛青的姐姐衛子夫受寵，他又屢立戰功，真如相士所言被封了侯。

衛青被武帝封侯，並非是靠姐姐衛子夫的裙帶關係，他卓著的戰功才是關鍵。有一年，匈奴攻入河套地區，武帝派衛青出征。衛青與匈奴大戰一番，收復了河套地區，接著又乘勝追擊，追到隴西，斬殺匈奴數千人，奪取牲畜數百萬之多。看到這樣的戰果，武帝非常興奮，衛青被封長平侯也就順理成章了。

平陽公主嫁給衛青時，已經是第三次結婚了。她的第一任丈夫，是開國元勳曹參的曾孫平陽侯曹壽，可惜曹壽沒有像他的名字一樣長壽，早早就死了。後來，平陽公主改嫁汝陰侯夏侯頗，可夏侯頗因罪自殺，平陽公主再次守寡。第三次就是嫁給衛青，衛青死後，平陽公主再沒改嫁，直到去世後與衛青合葬。

衛青不僅會打仗，還有些政治頭腦。對皇帝來說，年齡大了的美人就是豆腐渣。衛青的姐姐上了年紀，武帝又迷上了另外一個美人王夫人。衛青聽說王夫人的族人很窮，便以祝壽的名義賄賂王夫人。王夫人的枕邊風吹得也很厲害，把衛青捧得天上有地下無。武帝是何等聰明的人，跑去質問衛青，衛青交代得倒也坦率。武帝念他老實，便沒有追究。

即使是飛將軍李廣，也有馬失前蹄的時候。漢武帝決定大規模地攻打匈奴，總共分了四路大軍，李廣攻打雁門。誰知，李廣這次偏偏倒了楣，剛一出戰就遇到了匈奴的主力軍，不僅全軍覆沒，連他本人也被俘虜了。但飛將軍的名號可不只是個傳說，他趁敵不防，奪了敵人的戰馬逃了回來。其他三路軍也都損失不少，只有衛青小勝了一把。按律例，李廣當被殺頭，後來用錢贖罪，就被貶成了百姓。

漢武帝好大喜功，如果打了勝仗，連功臣的孩子也有賞賜。一次，匈奴又來犯

邊，衛青趁匈奴主將右賢王大醉時，半夜偷襲。右賢王對此根本沒有準備，只好連夜逃跑。匈奴軍沒了主將指揮，立即成鳥獸散。衛青乘勝追擊，雖然沒有抓到右賢王，卻把他的手下全部抓獲。武帝聽說後，立刻封衛青爲大將軍，連襁褓中的兒子也都封了侯。

霍去病是衛青的外甥，也是個私生子。霍去病的老爹叫霍仲孺，是平陽縣的一個縣吏。有一次，他去平陽侯家裏辦事，碰到了衛青的姐姐衛少兒。衛少兒雖是一個奴婢，但長得頗有姿色，霍仲孺便與她私通，後來生下了霍去病。但霍仲孺不敢承認與公主的女奴私通，因此霍去病必須頂著私生子的身分降世。霍去病從小在奴婢群中生活，吃了很多苦。

霍去病在生活中是個「悶嘴葫蘆」，而在戰場上卻勇猛彪悍。他是個軍事天才，漢武帝讓他學習孫吳兵法，他卻不屑一顧地說，真正的將領不需要學什麼死搬硬套的兵法，要的是隨機應變。事實也的確如此，他在戰場上就是憑自己的直覺指揮戰鬥的，閃電式行動，隨機應變地作戰。

霍去病的價值觀和人生觀都很高調。他立戰功，不爲高官厚祿，更不爲享受，而是一心爲國家利益考慮。河西戰役勝利了，漢武帝實在不知該獎勵他什麼，想來想去，就命人在長安爲他建造了一座別墅，並讓他去看看滿意不滿意。霍去病卻不稀罕，他謝絕了武帝的好意，還高調煽情地說：「匈奴未滅，何以家爲！」一般情況下，武將們要麼是戰死沙場，要麼是被統治者想法設法地害死，幾乎是沒有善終的。而霍去病卻是前兩者都不是，但他也沒能盡享生命的美好，他是病死的。霍去病病死的時候，年僅廿四歲。好在沒有身首異處，勉強也算是得以善終了吧。

武帝想聯合大月氏一起對付匈奴，就派張騫出使西域。儘管張騫非常小心，但還是被匈奴人逮住了。匈奴單于爲軟化、拉攏張騫，打消其出使月氏的念頭，進行了種種威逼利誘，還給他娶了匈奴女子爲妻，生了孩子，但都沒有動搖張騫的決心。十年後，張騫趁匈奴內亂時，逃跑出了匈奴王庭。

漢朝和夜郎哪個大？

「夜郎自大」這個成語正是從漢武帝時期流傳下來的。漢武帝派使節到西南，去找長安到今天印度的通道。漢使回來的時候，路過了一個很小的國家叫夜郎國。雖然這個國家是獨立的，可是國土很小，百姓也少，物產更是少得可憐。而夜郎王卻問漢使，漢朝和夜郎國哪個大？漢使不禁偷偷地笑，這真是道路不通惹的禍，這麼小的國

家竟然敢跟大漢相比，真是沒有自知之明。

漢武帝爲了得到汗血寶馬，竟不惜舉兵攻打大宛國。相傳汗血馬是天馬之子，而武帝想要征服匈奴、打通西域，必須擁有強大的騎兵部隊，因此對於汗血寶馬這樣的優良品種，漢武帝是夢寐以求的。於是，武帝派李廣利出兵攻打大宛。大宛國頗有骨氣，誓死抵抗。這場戰爭歷經四年，發兵十多萬，最後還是大宛貴族殺死國王投降，並進獻汗血寶馬，漢軍才就此甘休。

西域各國都很害怕匈奴，總認爲匈奴是最強大的國家，而漢軍攻破樓蘭、姑師和大宛的消息更讓他們震驚。以前，一個匈奴就把他們嚇得大氣都不敢出，現在又出來這麼一個強大的漢朝，還讓他們怎麼活?因此，他們一點也不敢怠慢，非常殷勤地派使者到漢朝朝貢。有的還讓自己的子弟留在漢朝，學習漢朝的禮儀文化。

Q 最有名的歷史名作

司馬遷爲了寫《史記》，不惜接受腐刑。司馬遷是一個太史令，因爲不懂得替尊者遮羞，堅持尊重歷史，令武帝不滿。恰好李陵投降了匈奴，文武百官都指責李陵，司馬遷卻爲李陵辯護，武帝一怒之下要將他處斬。可是，他爲了完成父親的遺願，完成歷史創作，決定接受免除死刑的前提條件：腐刑。司馬遷忍辱偷生，終於完成了《史記》。

帝王家不能說的事

武帝對長生不老非常癡迷。一次，武帝到陝西的黃帝升天處祭祀。一位大臣問他：黃帝升天時，不忍心和妻兒們分別。假如要陛下你在升天和與妻兒分別之間選擇，你會怎麼選擇？武帝一點兒也沒有猶豫，滿不在乎地說，升天誠可貴，妻兒皆可拋，我會像扔破鞋子一樣，將他們扔了。由此可見，他對長生一事已經癡迷得連人倫道德都不要了。

武帝在晚年時，由於太過於相信世上有鬼神存在，聽信讒言，以至於錯殺了許多無辜。

武帝常常頭疼，睡不著，他一直懷疑有人在暗中搞鬼。他的寵臣江充便唯恐天下不亂的說，肯定有人在詛咒他。武帝正處於精神恍惚狀態，就派江充追查此事。江充趁機公報私仇，連「人肉搜索」都用上了，先後殺了幾萬人，太子劉據和皇后衛子夫也成了這場禍事的犧牲品。

太子劉據因被江充誣陷行巫蠱之術而被逼自殺，背上血債的江充也沒能得到什麼好下場。劉據自殺後，善於仗義執言的壺關三老爲太子喊冤，處於糾結中的武帝此時突然意識到這是個冤案。可是，孤標傲世的武帝是不可能低頭認錯的。後來武帝找了個臺階下，將劉據起兵反抗定位爲了「子弄父兵」，並把當年參與陷害太子的人都殺了，江充更是被滅族。

太子劉據沒有死之前，他與武帝的父子之情就已經有裂痕了。武帝崇尚嚴刑峻法，任用酷吏，劉據待人仁厚；武帝崇尚以武力解決頑固不化的蠻夷問題，而劉據則主張用懷柔政策收服。就這樣，父子兩個的政治思想漸行漸遠，關係也面臨著崩盤的危險，陷入了對對方的猜疑：武帝害怕劉據會爲了權位將他暗殺；劉據則擔心父親聽信奸佞的話，廢掉自己的太子之位。

Q 特立獨行的東方朔

東方朔是個童話大王，有一種叫怪哉的蟲子就是他編造的。一次，漢武帝要去甘泉宮，路上遇到了一種奇怪的蟲子。這蟲子是紅色的，五官俱全，別人都不認識，只有東方朔認識。東方朔說這蟲子叫怪哉，是秦朝時期監獄裏的犯人變成的。還說把這種蟲子放到酒裏就會溶解。武帝就叫人把這種蟲子放到酒裏，蟲子果然消失了。

東方朔自認爲自己是個千里馬，可是伯樂就是遲遲不來找他。他聽說武帝身邊有很多侏儒，於是就打起了侏儒的主意。他騙侏儒，說皇帝要殺他們，侏儒們就攔駕向武帝哭訴。後來武帝知道是東方朔在作祟，就問他是怎麼回事。他馬上以這件事情爲笑談，藉故說自己官職太小。武帝覺得他說話很有意思，就升了他的官職。

東方朔曾利用自己的機智救過武帝的奶媽。一次，武帝的奶媽惹惱了武帝，招來了殺身之禍。奶媽去找東方朔，東方朔就命她按照自己的辦法去做。到了行刑那天，奶媽也不說話，只是不停地回頭看武帝，東方朔看時機到了，就說你這個老婆子還不快走，皇上已經長大了，不用吃你的奶了。武帝一聽，感覺是在罵自己忘了哺育之恩，便決定不殺奶媽了。

東方朔有著文人的清高，行爲更是荒誕不經。所以一直不怎麼受重用，武帝只是隔三差五地把他找來解解悶、說說閒話而已。對此，東方朔越想越氣，但也只能認命。

東方朔是個非主流主義者，做事更是不拘小節。他特別愛吃肉食。武帝常常和他一起吃飯，吃完飯後，他從不會顧及什麼禮儀、形象，更不會顧及武帝在場，把桌上剩下的肉食全部塞到懷裏，弄得衣服上油膩膩的。武帝見了，哭笑不得，只好任由他

去。武帝賞給他綾羅綢緞，他也不找下人來拿，而是自己肩挑手提地親自拿回家。

東方朔不是唯金錢是親的人，他的錢全都花在了女人身上。東方朔每一年都要娶一個年輕貌美的女子回家，並把原來的那個「糟糠」攆走拋棄。爲此，許多人都對東方朔有意見。可是東方朔依然不顧別人的看法，我行我素。沒有人知道他的真實意圖是什麼。

武帝的姑姑館陶長公主迷戀「乾兒子」董偃，武帝深知此事，卻不好意思說自己的姑姑。武帝是個雙性戀，一見董偃，也迷上了。於是，就找機會讓姑姑帶著董偃入宮赴宴。他們進入宮殿時，遭到了東方朔的攔截，東方朔還罵了董偃一通，認爲董偃該殺。武帝見東方朔正義凜然，自己也的確理虧，宴會便只好作罷。

東方朔表面上看似玩世不恭，內心卻是極爲清醒的。同事們都笑說他是一個狂人，他聽了只是一笑而過。每次在酒席中喝醉時，他都會滾到地上唱歌，歌聲充滿了灑脫與悲涼。他大概是在感慨：世人笑我太瘋癲，我笑世人看不穿。污濁世俗，都不懂我東方朔的心啊！

對漢武帝來說，東方朔一直是一個滑稽的喜劇演員。東方朔在漢武帝身邊混了幾十年，最高也只是混了一個侍郎。漢武帝總覺得此人只適合給人帶來樂子，不宜重用。東方朔在臨死之際，給武帝提了一個建議：不要聽信身邊的讒言，要用自己的眼睛和心去判斷，聽得讒言越多，就會失去判斷力。直到東方朔死後，武帝又翻閱他的建議與文章，才開始後悔沒有重用他。

情場高手司馬相如

司馬相如在情場上很有一手。司馬相如家境貧困，長得倒很有回頭率，只是說話有些口吃。當地縣令很仰慕司馬相如的才華，因此待他很是恭敬。這事傳到了富商卓王孫的耳朵裏，卓王孫便決定宴請司馬相如。司馬相如也知道卓王孫有個美貌的女兒，新寡在家，但由於口吃，沒敢多說話，於是就用琴表達自己的愛慕之心，琴音裏滿是深情款款。卓文君偷偷看他，一見鍾情，當晚就跟著司馬相如私奔了。

司馬相如文名遠播、高傲裝酷，連縣令的面子都不給，其實也不過只是個窮酸書生而已。但是，會扮酷也能賺到好處。就因爲他在卓王孫的家宴上扮酷，才拐走了人家女兒。可是司馬相如家裏很窮，夫妻二人迫於生計，就開了個小酒館。卓王孫是個富豪，女兒當壚賣酒，太丟人了，無奈只好接濟女兒，認了司馬相如這個女婿。

司馬相如是一個機會主義者，可他最初的時候卻站錯了隊。司馬相如的家裏曾經給他出錢買過一個小官，是景帝劉啓身邊的侍衛。然而，司馬相如本來是個文人，怎

麼能和一群大老粗在一起呢？再者，劉啓不喜歡要出頭的人，他喜歡衛綰那樣三腳也踹不出來一個屁來的人。所以，景帝根本不重視他，司馬相如就這樣被埋沒了。

司馬相如是一個敢於向命運挑戰的人。梁王劉武是漢景帝的弟弟，竇太后最寵愛的兒子。司馬相如看到他，感覺自己出頭的機會來了，於是就辭去了他原來的職務，跳槽到了劉武那裏。誰知，劉武伺機造反，被人告發後，雖然沒有被景帝治罪，自己卻覺得活得窩囊，就憂鬱而死了。司馬相如挑戰命運沒有成功，又一次失業了。

司馬相如有著文人的清高，同時也有肉麻的一面。武帝喜愛打獵，而且打起獵來就像拼命一樣。這時候，司馬相如趕緊寫了一篇《上書諫獵》，主要是爲了勸諫武帝要爲大漢江山保重自己的身體，說得十分肉麻。不過，肉麻也肉麻到了刀刃上，武帝讀了他的《子虛賦》，終於被他的浪漫、煽情、肉麻給打動了，把他召到宮裏封了官。

「馬遲枚速」的成語典故正是出自漢武帝年間。當時和司馬相如齊名的一個作賦名家，叫做枚皋。其實枚皋這個人做的賦文並不怎麼樣，只不過他寫文很快。一次，漢武帝出了一個題目，枚皋他老人家都交卷了，司馬相如還在皺眉頭。司馬相如不僅說話口吃，思維也有些遲鈍。於是，「馬遲枚速」的典故便流傳了下來。

原來是美男

大將軍衛青在年輕時是武帝的一個男寵。當年的衛青也是個小帥哥，他做過侍中，與武帝朝夕相處。司馬遷也真是夠八卦的，他說「青自媚於上」「個性柔媚」，這個「媚」字聽著就會讓人多想。不得不說，漢武帝飽暖思淫欲，有後宮佳麗三千還不夠他享樂，還滋生了畸形的愛戀——男寵。就這樣，武帝一邊寵幸衛青的姐姐衛子夫，一邊又和衛青玩同性戀。

李延年是一個樂師，也是武帝的一個男寵。李延年早年因為犯法而受了宮刑，成了宦人。他本來就長得玉樹臨風、皮膚白皙、面容清俊，而且能歌善舞，再加上一副柔媚樣，閹割之後，聲音也變得嬌滴滴的，所以深受漢武帝喜愛。有段時間，二人睡則同床，十分黏糊。

韓嫣也是深得武帝寵幸的男寵之一。早在武帝當膠東王時，韓嫣是他的伴讀，當時二人就已經形影相隨、相親相愛了。劉徹當上太子後，二人關係更加親暱。

韓嫣是個美男子，騎射技術也很好。劉徹當皇帝後，韓嫣與武帝二人的所作所為更讓人汗顏，他不僅與武帝一同吃飯，還同榻而眠。後來他囂張得過火，竟然淫亂後

宮，終被太后賜死。

韓嫣愛玩彈弓，不過他不是爲了打小鳥，而是爲了花錢。漢武帝十分寵愛韓嫣，賞賜了他很多錢。誰都不嫌錢燒手，可韓嫣卻嫌錢太多，花不完。於是，他就想了一個辦法，那就是用彈弓打金彈珠。韓嫣沒事就拿著家裏的金彈珠打著玩，小孩子看見了，就跟在韓嫣的後面揀金子。

Q 最會「唱反調」的人

有些人就愛沒事找事，汲黯竟然彈劾公孫弘節儉是作秀。公孫弘雖然是一個高官，蓋的卻是布被子，就連吃飯，至多也只吃一個葷菜。汲黯卻在朝堂上公開罵公孫弘這是一種欺詐、作秀的行爲。而公孫弘呢?聽了汲黯的罵，照樣面不改色。當武帝質問公孫弘時，公孫弘先是誇汲黯善於納諫，又講了一通道理，聽得武帝不但不生氣，反而更加器重他了。

官場上混久了，自然明白當官的秘訣。公孫弘曾作爲使者出使過兩次，但兩次都不能令武帝滿意。公孫弘年紀大了，也學乖了，他再也不敢直接在朝堂上反駁武帝，當「刺頭」了。誰都愛聽好話，武帝自然也不例外。不過，公孫弘不是拍馬屁，他另有高招。每次朝議時，公孫弘都會做好幾種可行的方案，讓武帝自己挑選用哪個更好。如此一來，武帝就更加喜歡他了。

公孫弘善於「唱反調」，而且手段很高明。一次，公孫弘和公卿們商量好向武帝提意見。誰知，那幾個大臣說完後，武帝的臉色很難看，語調也發生了變化。公孫弘便趕緊來了個一百八十度的大轉彎，專挑一些武帝喜歡聽的話講，這可氣壞了那幾個同僚。汲黯罵他狡詐、虛僞，公孫弘卻說：「知臣者明白臣是忠臣，不知臣者便以爲臣是奸臣。」說得武帝很是飄飄然。

一人得道，雞犬升天

劉安是高祖劉邦的孫子，他是一個博學多才的人。劉安有許多有賢才的賓客，這些賓客與他共同編寫了一部傳世名作《淮南子》。但是，劉安著書立說的動機並不是單純地搞學術研究，他是爲了和武帝唱反調。武帝主張「有爲」政治，而《淮南子》一書則主張「無爲」政治。可見，劉安是有政治野心的，他想造反。

我們今天餐桌上吃的「豆腐」在西漢時期就有了，這要感謝淮南王劉安。劉安推崇道家的思想，所以也很迷戀求仙問道，經常召集「八公」和一些術士們煉製丹藥。

這些煉丹術士們沒有煉出長生不老藥，倒是煉出了美味的東西，就是「豆腐」。

「雞犬升天」的典故就是從淮南王那裏得來的。傳說淮南王劉安的確煉成了一種仙丹，他吃了以後，就輕飄飄地飛到天上做神仙去了。他家裏的雞犬呢？看見劉安散落在地面上的仙丹，以爲是什麼好吃的，就把仙丹吃到了肚子裏。雞犬吃了仙丹之後，也跟著劉安升天了。「一人得道，雞犬升天」的典故便由此而來。

＊微歷史大事記＊

西元前一五六年　漢武帝劉徹出生。

西元前一五〇年　漢景帝廢太子劉榮為臨江王；王夫人被封為皇后，七歲的膠東王劉徹以王皇后唯一的嫡子身分被立為儲君。

西元前一四一年　漢景帝駕崩，十六歲的劉徹即位。

西元前一四〇年　武帝起用趙綰、王臧開始建元新政。

西元前一三九年　由於侵犯到了宗室利益，趙綰、王臧被下獄，後在獄中自殺，遭到新政挫敗，劉徹開始韜光養晦。

西元前一三八年　武帝派遣張騫出使西域。

西元前一三五年　竇太后病死，廿二歲的劉徹正式執政。

西元前一三三年　馬邑之圍伏擊匈奴失敗，漢朝開始與匈奴大規模交戰。

西元前一三〇年　車騎將軍衛青大破龍城，從此，進入對匈奴戰爭的轉捩點。

西元前一二七年　徹底解決了匈奴對長安的威脅。衛青受封長平侯。

西元前一二一年　驃騎將軍霍去病兩次進軍河西（今河西走廊），打擊匈奴，收復了河西走廊。

西元前一一九年　徹底解決了匈奴之患，從此「漠南無王庭」。

西元前一一〇年　武帝泰山封禪，始有年號「元封」。

西元前九十九年　李陵戰敗於浚稽山而投降，漢武帝殺李陵一家，腐司馬遷。

西元前八十九年　漢武帝為巫蠱之禍中被陷害致死的太子平反；發佈《輪台罪己詔》。

西元前八十七年　漢武帝駕崩，終年七十歲，幼子劉弗陵（時年八歲）即位，是為漢昭帝。

第六章 民間天子漢宣帝

皇帝也坐牢？

年僅廿一歲的漢昭帝病死後，沒有留下子嗣，霍光就與眾臣們商議立誰當皇帝。有人主張立昭帝的哥哥廣陵王劉胥。這劉胥長得倒是身強力壯，但就是有個怪癖——愛和狗熊打架。爲了滿足這個愛好，他家裏養了許多狗熊。這個怪癖讓他與皇位失之交臂。不過幸好沒立他，因爲沒過多少天，他就被狗熊給打死了。

劉賀僅當了二十七天的皇帝，因爲他一即位就做了件讓人大跌眼鏡的事。原來，在爲昭帝舉行葬禮時，劉賀竟然不齋戒守規矩，依然帶著手下四處遊獵遊玩，在皇宮裏淫亂。當初，霍光力排眾議擁立他爲皇帝，他這種作爲等於是在打霍光耳光。但霍

光是忠臣，社稷比臉面重要，便和眾臣商議廢掉了他。

廢掉劉賀後，霍光又和眾臣商議立武帝民間的曾皇孫劉病已爲帝。劉病已是劉據的孫子，即位後改名爲劉詢，是爲漢宣帝。漢宣帝來自民間，瞭解民間疾苦，是個低調務實的好皇帝。在霍光的輔佐下，宣帝依舊遵照祖上傳下來的「休養生息」政策。西漢王朝從此一改武帝造成的民不聊生境況，出現了著名的「昭宣中興」。

漢宣帝劉詢是歷史上唯一一個有過牢獄之災的皇帝。宣帝的爺爺本是武帝的第一位太子劉據，劉據因被奸臣誣陷自縊而死。劉據家族幾乎滅族，只有劉詢尚在襁褓之中，才得以保全性命，但還是被關進了大牢。知情者知道太子劉據是被陷害的，就格外照顧武帝這個曾皇孫，並選了兩名女囚犯輪流餵養他。

宣帝劉詢曾經差點病死在牢獄之中。劉詢從小身體就不太好，有好幾次都病危了，還是主管監牢的丙吉及時請來醫生，才保住了他的性命。爲了讓他健康成長，丙吉還給劉詢安排了兩個奶娘，隔幾天就偷偷送來衣食等物。

劉詢四歲那一年，差點以謀反之罪被殺。武帝病重，卜官對漢武帝說，在長安的監獄裏有天子氣。這是上位者最忌諱的。當侍衛來到劉詢所在的監獄時，丙吉把侍衛們擋在了門外，並說：「皇曾孫在此，殺無辜的人已經是罪孽了，更何況是皇曾孫呢？」侍衛如實稟告武帝，武帝自知有愧，於是大赦天下，劉詢也由此逃過一劫。

是皇帝也是財神爺

漢宣帝劉詢曾在民間生活過一段時間。武帝大赦天下後，監獄中的劉詢終於可以重見天日了。出獄後，丙吉將劉詢送到了他的祖母史良娣的老家。太祖母雖已經年老多病，可她非常可憐這個劉氏孤兒，所以親自撫養。

漢武帝到了垂暮之年，開始後悔自己做錯的事情，尤其是錯殺愛子劉據一事。武帝爲太子平反後，又想起劉據還有一個孫子劉詢，也正是自己的皇曾孫，就趕緊下詔把皇曾孫帶回掖庭撫養，並讓他歸於皇室的正宗籍。掖庭令張賀正是當年侍奉過劉據的人，所以對劉詢特別關照。

劉詢雖被武帝召回了宮中撫養，可他仍然改不了市井人的習氣。他喜歡遊山玩水，常常跑到宮外去遊玩。他在遊玩中，也深切體會到了許多民間的疾苦，畢竟他自己就有著悲慘的身世，與貧苦百姓比較容易產生共鳴。劉詢自小經歷了許多磨難，他勤儉好學、爲人豪爽，有俠士風範。他在遊歷期間，也獲得了不少生活感受，尤其是如何辨別百姓中的奸佞、如何管理官吏之道等的社會經驗。

傳說漢宣帝有「異相」，還被生意人稱爲「財神爺」。漢宣帝的異相就是，他

全身上下都長滿了長毛，甚至腳底也長有長毛；他躺臥過的地方會不時散發出光來；他去哪裡買東西，被他光顧過的店鋪就會變得生意興隆，連他自己也不知道是怎麼回事。後來，民間百姓就認爲他是能給生意人帶來好運的財神爺。

Q 中國版灰姑娘

中國也有一個王子與灰姑娘的故事。漢宣帝即位之前，曾在民間娶過一個妻子叫許平君，二人患難與共，十分恩愛。大臣們都認爲皇帝乃是天子，應當娶一個家世顯赫的女子，並一致認爲霍光的女兒是最佳人選。但是，漢宣帝卻下詔說，要找回他在沒有當皇帝時用過的那把寶劍。大臣們頓時明白，宣帝這是捨不得他的髮妻。

漢宣帝的髮妻許平君是被霍光的妻子害死的。漢宣帝從民間接回他的髮妻許平君後，立刻把她立爲皇后。霍光本是忠臣，他十分尊重皇帝的決定，但他的妻子霍顯卻不依，她一心想讓自己的女兒當皇后。霍顯是一個很有心計的人，她兩眼噴火地盯著後宮，準備找機會害死許平君。許平君在生了皇子之後，再度懷孕，生下了一個女兒。在坐月子期間，霍顯使計將她害死了。

年輕的漢宣帝很精明，更善於韜光養晦。漢宣帝心知髮妻是霍光的妻子霍顯害死的，可是，他的根基還不夠牢固，暫時還沒有能力與霍氏集團抗衡。所以宣帝只好娶了霍光的女兒霍成君，而且婚後對她很好，幾乎是專寵。其實，宣帝都是在演戲給霍家人看。霍成君嫁給宣帝三年了，竟然沒有生下一個孩子，而其他妃嬪卻不斷傳來懷孕的消息。

霍顯想害太子，卻沒有得逞。宣帝立了許平君生的兒子劉奭爲太子。霍顯這下更加氣憤了，好不容易讓女兒當上了皇后，卻立別人的孩子當太子，這樣的話，女兒的后位依舊不穩。於是，霍顯就授意霍成君設法毒死太子。宣帝早有預料，他給太子安排了專人保姆，無論吃什麼東西，都讓保姆先嘗一嘗，所以幾次下手都未成功。

霍光死後，宣帝開始對付霍氏。宣帝根基不深時，總是懼怕霍光，每次上朝都覺得自己「如芒刺在背」。現在霍光死了，宣帝總算可以爲髮妻許平君報仇了，而且霍成君謀殺太子未遂的這些賬也都該算算了。霍氏被滅族後，廢后霍成君被打入冷宮。可宣帝感覺還不夠解恨，就又讓她搬到了更加荒涼的地方。此時的霍成君感覺活著已經沒有意思，就自殺了。

宣帝很務實，這和他早年的坎坷經歷有關。宣帝雖然是皇家出身，可他受過牢獄之災，又在市井長大，自己的皇位十分來之不易。宣帝也非常有自知之明，他知道自

己身上沒什麼閃光點，只不過是憑運氣登上了皇帝寶座。因此，在位期間，宣帝一直都非常的謙虛謹慎，不擺架子。他對官吏的選拔要求也很嚴。這都是體諒百姓疾苦的做法。

宣帝做人很低調，做事卻很高調。他是一個賞罰分明的人。對於有功勞的官吏，宣帝向來都表現得很大方，一點也不吝嗇。有一年，膠東相王成安撫流民有功，宣帝又是獎勵財物又是封侯；後來，穎川太守有政績，也是又獎勵財物又封侯，其他官員們也跟著沾了光。

宣帝緩和社會矛盾也有一套高明的手段。宣帝主張依法治國，一定要執法嚴明。另外，他還主張減輕刑罰，怕的就是屈打成招。有些案件不放心，宣帝甚至親自審理。這些都和他曾坐過牢有關。他廢除「連坐制」，是因爲很多犯罪的人不想束手就擒，就會逃到親戚家裏，從而連累親戚致死，這同時也體現了宣帝的人文關懷精神。

漢宣帝的確是一個有運氣的皇帝，到他統治的時期，漢朝與周邊的少數民族已經沒有什麼衝突了。漢宣帝剛即位時，早在武帝時期就被打趴下的匈奴又想起來作亂。於是，漢朝與烏孫聯合，一起對抗匈奴，終於把匈奴打得狼狽逃走。過了幾年，匈奴又遭到了其他國家的攻打，自此，匈奴總算變乖了。而這時的匈奴也開始裝起了孫子，想與漢朝和親。

漢宣帝親政後，匈奴不僅有外患，內部也亂成了一鍋粥。權力與欲望的驅使，終於使這個強悍的民族變得四分五裂。匈奴的內部分裂成了五個單于，搞笑的是，每派勢力都想投靠漢朝，或者希望能娶個漂亮的漢朝老婆。這可樂壞了宣帝，這是高祖以來從未出現過的大好局面啊。宣帝仁厚，對先後來歸順漢朝的匈奴各派都給予了安撫與封賞。

匈奴這邊沒有什麼事了，羌族卻起來找事了。在宣帝初年，羌族先零部落不甘於守在自己那一片彈丸之地，於是開始北渡湟水，侵佔漢民的地區。先零部落酋長怕自己勢單力薄，所以一下子聯合了二百多個酋長，並且簽訂盟約，一起侵犯漢地。宣帝不想因為打仗而勞民傷財，就問大臣們該如何辦。有人就獻計招降羌族，並離間解散他們的聯盟。這一計策奏效，漢朝總算可以安定了。

什麼形最穩定？

漢宣帝的最後一任皇后王氏，是個剋夫命。王氏的父親是宣帝在民間認識的，也是自己的舊相識。漢宣帝為什麼會選中王氏呢？原來王氏與許平君非常相似。王氏未婚喪夫，如此這般幾回後，便沒有人敢娶這個不祥的女人了。漢宣帝看在老朋友的面

子上，選了王氏入宮當婕妤，免得她嫁不出去，一輩子背著個老閨女的名聲。

王氏當了皇后之後，果然沒有辜負宣帝的期望，對劉奭很好。王氏雖已入宮多年，但她在宮中既不出名，也不出眾，宣帝一點也不寵愛她。王氏從未當過母親，可她卻用自己天性中的母愛去對劉奭。劉奭也很喜歡他這個「後母」，二人不是母子卻勝似母子。這讓宣帝非常欣慰，爲了補償王氏，宣帝就將王氏的父親封爲了邛成侯。

父母都是望子成龍的，可孩子往往會讓父母失望。宣帝對太子劉奭可以說是百般照顧，希望自己的寶貝兒子能夠長江後浪推前浪。可誰知，長大後的劉奭與老爹的思想根本不一致。宣帝推崇法家，劉奭卻喜歡儒術。無論宣帝怎麼努力，劉奭就是一頭倔驢，完全不聽老爹的。宣帝對他是由希望到失望，再由失望到絕望。但也只有叫苦的份：太子非把我大漢基業弄得大亂不可！

大漢君王們都帶有一副「外儒內法」的面具，宣帝也有，可他的兒子劉奭卻死活不戴。漢宣帝是一位聖明的天子，但他卻選錯了繼承人。劉奭上書宣帝，認爲宣帝爲鞏固皇權而殺死重臣，刑罰太過嚴峻。這一句話說得宣帝如當頭棒喝。真是溫室裏長大的「花朵」啊！沒有「外儒內法」的面具，大漢江山必將易主。但劉奭不懂治國之道，自此，內心開始與老爹反目。

漢宣帝當了癡心漢，卻葬送了大漢基業。宣帝知道了劉奭的個性與弱點後，恐怕他難以撐起大漢的重擔，便產生了另立太子的念頭。可是，許皇后死後，就剩下劉奭這點血脈，宣帝心中總過不去亡妻這道坎。如果廢掉劉奭，那劉奭就會像當年的自己一樣，他不能讓歷史的悲劇再次重演。宣帝最終選擇了感情，這也是他一生中的一個大錯。正是這個大錯，造成了大漢王朝從此一蹶不振。

漢宣帝是最早懂得「三角穩定性」的人，他的臨終托孤就是驗證。漢宣帝兒子劉奭是個爛泥糊不上牆的人，所以必須要找幾個有能力的重臣輔佐才行。於是，宣帝在彌留之際，召來了史高、蕭望之、周堪。對於明君來說，知臣者莫若君，宣帝對他們三個人的品性與辦事能力瞭若指掌，更深知用這三個人，必定能夠相互牽制。安排妥當後，他才終於安心地離去。

＊微歷史大事記＊

西元前九十一年　漢宣帝劉詢出生，不久後即因「巫蠱事件」牽連被關進監獄。

西元前八十七年　劉詢獲釋，被列入宗室。

西元前七十四年　劉詢在以霍光為首的大臣的擁立下登基。

西元前六十八年　霍光病逝，劉詢開始著手鎮壓霍氏集團的叛亂，將大權收歸己有。

西元前六十年　設立西域都護府，統轄西域各國。

西元前四十八年　漢宣帝劉詢逝世。

第七章 懦弱昏君漢元帝

十項全能我最行

漢元帝劉奭是個糊塗皇帝，但並非一無是處，他是一個多才多藝的人。劉奭能寫一手漂亮的篆書，對彈琴鼓瑟、吹簫吹笛、辨音協律、作曲彈唱更是無一不精通，無一不精妙絕倫。而且，他在經學上也很有造詣，超過了他老爹，即使與西漢的其他帝王相比，他也是數一數二的。

元帝劉奭非常尊崇儒術，所以他實行了一系列奠定儒家地位的措施。元帝具有深厚的經學修養，曾以自己的名義下詔奉祀孔子，並封孔子的第十三世孫孔霸爲侯。孔霸去世時，元帝竟然不顧自己的帝王之尊，兩次穿著素服前去弔祭。皇帝帶頭尊儒

術，老百姓自然更加尊儒了。

漢元帝不僅懦弱，而且昏庸。漢元帝非常信任宦官，他以爲宦官沒有骨肉之親，也沒有姻族之累，所以可以全身心地效忠於他。但正是因爲他信任石顯，聽信石顯的讒言，他的老師蕭望之才會被逼自殺。當時元帝正在吃午飯，聽到老師死了，頓時淚流滿面，飯也不吃了，就把石顯找來責問。石顯巧舌如簧爲自己開脫。元帝明知道恩師是被石顯害死的，但自己又離不開石顯，也就沒有實行任何處罰。

漢元帝身體非常不好，以至於他在四十三歲的壯年時期便死掉了。元帝根本沒有多少精力處理國家大事，才二三十歲時，身體就不行了。一次，一個外戚寫信給劉奭的弟弟淮陽王劉欽，說漢元帝不滿四十歲就掉光了頭髮。其實掉頭髮也算很正常的事情，只是元帝連牙齒都掉了，那就有點嚴重。後來，他總算熬過了不惑之年，可過了沒幾年，還是病死了。

漢元帝是個非常專情的人。元帝還是太子時，非常寵愛司馬良娣，可司馬良娣命薄，沒幾年就病逝了。臨終前，她無比悲傷地對劉奭說，她的死並不是壽數已盡，而是由於其他姬妾們妒忌她、詛咒她造成的。元帝對此深信不疑，在她死後大病了一場，病好後也一直悶悶不樂，而且十分痛恨那些姬妾，不願見她們。

還是太子的劉奭在愛妾司馬良娣死後，無法從思念與痛苦中解脫出來，王皇后爲此非常著急。爲了讓太子快樂，她親自爲劉奭挑選了王政君等五個美女，可劉奭一個也不感興趣。但是，母后親自挑選又派人詢問，不好回絕，於是就隨口說其中一個還可以。派來的人以爲他說的是王政君，因爲王政君離太子最近，衣服正好也與眾不同。王政君就這樣當上了太子妃。

漢元帝有一個很寵愛的妃子傅氏。傅氏是一個非常有心計的人，很會處事，本是太皇太后上官氏身邊的才人。傅氏很精明，也特別討人喜歡，不管是地位比她高的人，還是地位低於她的人，她都能與人家和諧相處。要是有什麼祭祀活動，她也很會做表面文章，常常把酒灑在地上，意思是祝願宮裏的每一個人都平平安安的。這樣一來，元帝就更加寵愛她了。

漢元帝的寵妃馮昭儀，是個女中豪傑。一次，元帝帶著後宮的妃嬪們在虎園觀賞野獸搏鬥。正看得興頭濃厚時，一頭黑熊突然跑出圈外，往觀眾席奔去。眾妃嬪們嚇得慌忙逃竄，唯獨馮昭儀毫不膽怯地擋在黑熊面前。元帝的侍衛們趕緊過來把黑熊殺死。事後，元帝問馮昭儀爲什麼不跑。馮昭儀說怕黑熊傷了皇帝，她情願替皇帝承擔，元帝自此對她更加敬重。

王政君生來就是當皇后的命。王政君進宮之前，當時還是太子的劉奭雖然有許多

姬妾，可是沒有一個給他生下孩子。王政君被寵幸了一次，第二年便生下了嫡皇孫。漢宣帝見總算有了正統的皇位接班人，非常高興，親自給他起名爲劉驁。「驁」指的是千里馬，可見宣帝對這個孫子寄予厚望。宣帝還經常把劉驁帶在自己身邊，寸步不離。後來劉驁當了太子，王政君自然也就成了皇后。

俗話說：妻不如妾。恨屋及烏，不喜歡妻，妻的兒子自然也不喜歡。這句話還真不假。王政君雖說是個正牌皇后，可是漢元帝並不喜歡她。那王政君生的兒子劉驁呢？別看宣帝把這個嫡長孫當作寶貝一樣捧著，可這個劉驁卻不成器：酗酒、好色。這樣的人怎麼能當好接班人呢？於是元帝就想更換太子，可是大臣們反對，而且這又是宣帝老爹的遺願。最終元帝還是留住了劉驁的太子之位。

Q 後宮爭煩傳

王昭君出身一個平民家庭，是被漢元帝派人選美女時選中的。王昭君出生時，老爹已經非常老邁。王老爹在年老之際，還能得這麼一個如花似玉的女兒，自然是疼愛萬分。人怕出名豬怕肥，王昭君才貌雙全的名聲竟然傳到了長安。選美的人就跑到王家，非要王老爹把他的寶貝女兒送到宮裏。王老爹再不捨得，也無法違抗聖意。但是，王昭君入宮後，並沒有機會見到元帝。

王昭君的美貌與青春之所以會被埋沒，完全是宮廷畫師毛延壽造成的。漢元帝後宮的美女太多了，他不可能每個都臨幸，於是就請畫師們把她們畫下來。如果元帝感覺畫上的美人看著順眼，就召來臨幸，反之，就不臨幸。因此，後宮的美女們都紛紛賄賂畫工毛延壽，誰給的錢多，就把誰畫得好看。唯獨王昭君不賄賂毛延壽，所以毛延壽就把她畫得很醜，王昭君就這樣被埋沒了。

漢元帝同意了呼韓邪單于迎娶漢女的請求，挑選了畫師畫的比較醜的王昭君送給他。在送王昭君出塞的歡送儀式上，元帝第一次見到了她，不禁傻了眼，王昭君簡直是風華絕代，頓顯六宮粉黛無顏色。元帝原以爲自己很聰明，現在心中悔惱不已，但又不能失信於匈奴，只好強忍著氣，將王昭君送走了。回宮之後，元帝立即派人把畫師毛延壽給殺了。

「落雁」之美說的正是王昭君。在遠赴匈奴的途中，王昭君一想到從此就要與自己的故土永別了，心中便異常的悲痛，但又不能說出口，只好訴諸於琵琶聲中。王昭君一邊走，一邊彈奏著琵琶，樂曲哀婉淒切，連正在南飛的大雁聽到她的琵琶聲都被感動了，全都落在了王昭君的四周。

王昭君是一個深明大義、顧全大局的人。呼韓邪單于得到王昭君這個絕色美女

後，對她十分寵愛。王昭君也常常勸呼韓邪單于不要打仗，要和平治國和對外。呼韓邪單于確實也很聽她的話，一直與漢朝和平相處。呼韓邪單于死後，依照匈奴人的習俗，丈夫的長子可以娶自己的後母。可這與漢朝禮儀是相悖的，更是亂倫之舉。但是，爲了大局，王昭君同意了。

王昭君的一生都在思念著故土，連她的墳墓都朝向故土。王昭君在匈奴生活期間，生了一個兒子、兩個女兒。在彌留之際，王昭君一再囑託子女，一定要把她的墳墓設計成坐北朝南的方位，這樣她就可以永遠望著自己的故土了。

蕭望之雖說是一個儒學大師，可是爲人心胸狹隘，不能容人。蕭望之爲人很自私，宣帝剛死，他就趕緊在劉奭身邊安插耳目，暗地裏組建自己的小集團，劉奭的一舉一動都在蕭望之的掌握之中。元帝凡事都諮詢蕭望之，而不諮詢史高。史高雖然也是宣帝的托孤大臣，可已經被蕭望之架空了。後來，不僅元帝被蕭望之擺佈，大臣們也是如此。

元帝昏庸無能，朝堂上黨爭不斷，明爭暗鬥。蕭望之架空了史高，史高心裏痛恨，卻沒辦法報復。因爲史高不僅無德，而且無能，他想拉攏別人，但別人都對他嗤之以鼻。想來想去，只有拉攏宦官石顯。石顯沒有什麼能耐，就是會哄騙小孩子智商級別的元帝。正好元帝身體不好，他就把批閱奏章的事情交給了石顯。史高與石顯聯手，開始共同打擊蕭望之。

元帝實在是昏懦無能，大權旁落了都不知道。元帝竟然把批覆奏章的權力交給了石顯，自己卻專心研究起了音律。朝堂上分成了兩派：蕭望之安插耳目掌控元帝；石顯與史高聯手掌控元帝。名義上，這兩大派都是保皇派，實際卻是在把元帝當猴耍，為他們自己謀取利益。

石顯原本並不是宦官出身，他是一個法律高手。由於早年不守規矩，石顯被罰受宮刑。這種對男人來說生不如死的刑罰，並沒有讓石顯就此消沉。他想：不能做個正常男人，那就通過其他方面的能力來實現自己的價值。於是，石顯開始苦學法律，希望自己能在皇宮中謀個一官半職。正好碰到了元帝這個愣頭愣腦的人，被提升為中書令，自此開始飛黃騰達。

小人都是畏死而願意苟活的，而賢人則都是士可殺不可辱的。蕭望之位列三公，還是元帝的老師。當他被人陷害時，想想自己已是年過花甲、半截入土的人了，剛受了貶謫的恥辱，現在又要忍受被關押的折磨，就生出了自殺的念頭。蕭望之把自己的想法告訴了他的一個學生，他的學生也是一個血氣方剛的儒生，氣節觀比較重，竟然支持老師自殺。於是，蕭望之就自殺了。

＊微歷史大事記＊

西元前七十四年　漢元帝劉奭出生，是劉詢與嫡妻許平君生的兒子。他出生幾個月後，其父即位做了皇帝。

西元前七十三年　母親許皇后被霍光妻霍顯毒死。

西元前六十七年　劉奭被立為太子。

西元前四十九年　宣帝死，劉奭即位。

西元前三十三年　呼韓邪單于第三次入長安朝漢，並表示願娶漢女為閼氏。元帝也願意用婚姻的形式鞏固漢、匈之間的友好關係，就以宮女王嬙（王昭君）配他為妻。

西元前三十三年　元帝去世，在位十六年，葬於渭陵（今陝西咸陽市東北）。

第八章 只愛美人漢成帝

漢成帝在位時，出現了五侯當朝的政治局勢。王政君還是皇后時，就封了自己的老爹爲陽平侯。後來，王政君的老爹去世，他的哥哥王鳳便承襲了父親的爵位，並以長舅的身分擔任其他一些官職。到了漢成帝時期，王鳳的兄弟王譚、王商、王立、王根、王逢時在同一天被封侯，王家自此登上西漢的政治舞臺。

漢成帝大肆冊封王氏親族後，長安城裏便開始怪事連連。一天，長安城裏突然起了黃色的大霧，而且一連好幾天都沒有散去。朝堂上下對此議論紛紛，都認爲是王家外戚升遷造成的，連上天都看不過去了。王鳳害怕了，趕緊請求辭職，成帝卻不允許，並說一切包在他身上。接著，又出現了日食、地震、洪水。

王鳳是漢成帝的長舅，成帝對長舅自是寵信有加。爲了鞏固王家的地位，王鳳不斷在朝堂上排除異己。王氏兄弟們組成了一個集團，看著誰不順眼就借著成帝的手

打擊誰。不管是宦官還是其他外戚勢力，都是他們的打擊對象。例如丞相王商，這王商與王鳳的五弟同名。可是，同名可以，但不可以同朝爲官，管你五百年前是不是一家，照樣打擊你。

王鳳與丞相王商結下梁子是有原因的。有一年秋天，長安城外洪水氾濫，城內百姓紛紛逃命，王鳳趕緊勸成帝和皇太后也逃命避災，大臣們也都見風使舵，紛紛附和。只有丞相王商說洪水不可能來得那麼快，叫朝臣們不要驚慌。沒過多久，洪水真的退了。成帝就當著滿朝文武的面怪罪王鳳以訛傳訛，同時又誇獎了王商。王鳳覺得丟了顏面，自此便恨上了王商。

丞相王商是被王鳳誣陷致死的。王鳳的親戚犯了罪，正好是王商管理此事。王鳳就去說情，王商不買賬，堅持要依律行事。兔子急了還咬人呢！王鳳本就痛恨王商，這樣一來，對王商更是恨之入骨。於是，王鳳就勾結成帝的寵臣史丹，兩人狼狽爲奸，一起誣陷王商。迫於王鳳的壓力，成帝罷免了王商的相位，還把他的族人趕出了長安城。沒過幾天，王商就氣得吐血身亡了。

王鳳漸漸地掌握了大權，而漢成帝則成了傀儡。一次，漢成帝召見了當時的一個著名學者，覺得此人應該重用，便打算封這人一個官職，並立刻派人去取官服。但是，身邊大臣卻不允許，說需要通知王鳳才行。成帝不以爲然，瀟灑地揮手說沒事。

可大臣們卻突然下跪說必須通知王鳳。成帝無法，只好派人去通報。通報的結果是王鳳不同意，成帝也只有嘆息的份。

漢成帝對王鳳的專權非常不滿，就想罷去他的職位，誰知竟傷害了無辜。朝中有一個剛正不阿的大臣，早知成帝對王鳳不滿，就給成帝獻計。偏偏隔牆有耳，被人偷聽到了，並告知了王鳳。王鳳趕緊寫了一封辭職信送給成帝與皇太后。皇太后王政君自然是維護娘家人，又是哭，又是絕食。成帝十分孝順，不敢違背母親的意願，只好將給他獻計的人下獄。

王氏家族的人由於王政君的縱容，變得越來越不像話，竟然把皇宮當成了自己的家。有一年夏天，成都侯王商中暑了，爲了避暑，他竟然向漢成帝借用只有皇帝才能用的明光宮作爲自己的療養院。成帝肯定不樂意，但迫於王家的勢力，也只能勉強答應。王商想在自己的府內開挖人工湖，可是沒有水源，他就把長安城鑿了一個大洞，將城外河水引到自家的湖中。

人的忍耐都是有底線的，漢成帝終於被王氏家族的爲所欲爲激怒了。一次，漢成帝微服出去遊玩，路過曲陽侯王根的府邸時，就順便進去參觀了一下。當他看到園中的景致竟然和皇宮很相似時，終於發飆了，狠狠地罵了王根一頓。成帝決定這次一定要狠狠地整治一下王家人，誰知皇太后又來阻撓，漢成帝無奈，這件事就這樣不了了之了。

漢成帝無法再忍耐王家人的囂張，便決定找個好理由來懲治他們一下。成帝去找他的老師張禹，希望張禹能夠想出好辦法來殺殺王家的威風。張禹雖與王家有一些過節，可他是一個深知明哲保身的人，不敢輕易與王家發生正面衝突。因此，張禹就趁機替王家說好話，把成帝的氣給說消了。王家知道了這事後，便開始與張禹交好。

王氏家族正像西漢帝國大堤上的蟻穴，總有一天會使這個大堤坍塌。

王氏家族奢靡成風，在他們的帶動下，朝野上下都跟風起來，競相攀比。這一攀比，必然會使百姓受苦。王侯將相們天天花天酒地，百姓們卻連吃的都沒有，甚至還出現了「人吃人」的現象。以至於後來，山東、河南、四川等地區都爆發了農民起義及暴動事件。

Q 男人本色

漢成帝劉驁和髮妻許皇后最初是非常相愛的。許皇后是漢宣帝的皇后許平君的娘家侄女，應該是漢成帝的表姑。漢成帝一表人才、相貌堂堂，許氏也是才貌雙全。他們兩個年齡相當，真是天造地設的一對。兩人是在一次宮廷的大宴上認識的，二人當時是一見鍾情。漢元帝知道兒子與許氏兩情相悅後，十分高興，很快就給他們賜了婚。

漢成帝真無愧於「男人本色」這個豔名。當他還是太子時就已經搜羅了很多美女，其中的太子妃許氏深得成帝寵愛。許氏爲成帝生了一兒一女，可是，兩個孩子都夭折在了襁褓之中。但因爲許氏年輕貌美，所以成帝即位後，她還是當上了皇后。可再美的女人也禁不住歲月的蹉跎，年近三十的許皇后漸漸地失去了往日的光彩，成帝也不再寵幸她了。

許皇后是犯了宮廷大忌行巫蠱之術被廢的。許皇后年老色衰，而趙氏姐妹則寵冠後宮。眼看許皇后的皇后寶座即將不保，她的姐姐就獻計行巫蠱之術來求子。誰知，這件事情被趙飛燕知道了，她就在這件事上大做文章。她誣衊許皇后的姐姐和許皇后以巫蠱詛咒懷孕的宮女和大將軍王鳳。成帝大怒，許皇后被廢，其姐姐被斬首，許氏親屬也都被遣送回了原籍。

漢成帝有一個寵愛的班婕妤，她是西漢著名的女文學家。成帝正是被班婕妤的沉穩端莊所吸引，在寵愛她的一段時間裏，每天都與她廝守，幾乎是專寵。班婕妤也爲成帝生下過一個皇子，可只活了數月就夭折了，之後，再也沒有懷孕。再寵愛也改不了他好色的本性，成帝漸漸覺得班婕妤文人氣息太濃，跟她在一起太悶，就把色瞇瞇

的眼睛轉向了其他美豔的女子。

班婕妤在後宮中不僅才貌出眾，而且從不恃寵而驕。一次，成帝邀班婕妤一起遊賞後花園，想和她一同乘坐龍輦。班婕妤是個識大體的人，她更知道宮廷裏的禮儀，妃嬪們與皇帝同乘龍輦是絕對不被允許的。因此，班婕妤婉言謝絕了成帝的邀請，並說明以前的末代皇帝是如此做的，她不想讓成帝與末代皇帝相仿。成帝很讚賞她的舉動，皇太后聽說後，也誇她懂事。

「團扇悲秋」的典故出自班婕妤的一首詩。起初，漢成帝非常寵愛班婕妤，但趙飛燕姐妹來後，她便被冷落了。失寵後的班婕妤心中非常悲涼，只好天天作詩來打發寂寞。班婕妤做的一首詩非常出名，表面上描寫的是扇子，實際卻是在說自己像扇子一樣，過了夏天就不再受人喜愛了。

Q 皇帝的「滅火器」

漢成帝是在微服出行時認識趙飛燕的。一次，成帝身穿便服出去遊玩，路過陽阿公主府上時，公主盛情款待，並召來幾位舞伎爲成帝助興。成帝本就是好色之徒，他一直用眼睛在幾個舞女身上掃來掃去。突然，他看到了一個容貌妍麗、舞姿輕盈、舉手投足都盡顯風流的舞女。這舞女正是趙飛燕，一時間，惹得成帝差點噴鼻血。宴會結束後，成帝便把趙飛燕帶回了宮裏。

趙飛燕本不是卑賤出身，她的老媽是江都王的孫女姑蘇郡主。姑蘇郡主生性風流，嫁人後，感覺丈夫無能，不能讓她享受閨房之樂，就和一個「小白臉」私通，並且生下了一對雙胞胎女兒，也就是趙飛燕姐妹倆。由於是私生子，見不得光，姑蘇郡主就把她們給扔了。扔了三天後，姑蘇郡主又心疼了，等她去看，兩個孩子竟還活著，於是就把孩子送到了她們父親那裏。

趙飛燕淪爲歌舞伎是有原因的。趙飛燕姐妹在生父家裏度過了平淡無奇的童年，出落得十分美麗動人。但是，她們的生父突然去世，姐妹兩個也被生父的家人趕出了家門。之後，她們輾轉到了長安城，租了一間房子。她們的鄰居姓趙，是陽阿公主的管家。管家收留了她們，還將她們舉薦給了公主，後來就成了陽阿公主家的歌舞伎。

趙飛燕本名不叫飛燕，叫宜主。趙飛燕繼承了生父的音樂才能，再加上姐妹二人對歌舞都有著非同尋常的天賦，很快就從一般的歌舞伎，上升爲陽阿公主府中的王牌歌舞伎。尤其是趙宜主，舞姿優雅動人，體態輕盈如燕。後來人們都稱她的舞姿很像飛舞著的燕子，所以都以「飛燕」來代稱她。

趙飛燕的妹妹趙合德善於耍手段，在她進宮之前，成帝還頗費了一番周折。漢成

帝與趙飛燕的熱乎勁還沒有過去，又聽說趙飛燕的妹妹趙合德更漂亮，就派人去接。可趙合德不願來，說只有姐姐讓她去，她才去。越是求之不得的東西，越是感覺珍貴，這樣一來，成帝就更加想得到她了。於是，成帝就賜趙飛燕大量的財物和豪華的宮殿，趙飛燕這才將妹妹引薦給成帝。

漢朝的星象家說漢王朝的命運屬於火相星座，一旦遇上「紅顏禍水」就會滅亡。趙飛燕姐妹倆入住後宮後，成帝對二人言聽計從、寵愛有加。成帝迷戀趙飛燕姐妹的美色，後宮的其他佳麗都被他視作糞土一般。一位資歷深厚的宮廷教習看到趙飛燕姐妹的嬌媚之態時，嘆息道：大漢是火相星座，這姐妹二人正是大漢朝的「滅火器」。

趙飛燕體態輕盈，被讚能在人的手掌上跳舞。漢成帝非常喜歡看趙飛燕跳舞，就特意在皇宮中造了一座高臺，專門讓趙飛燕在上面跳舞。一次，成帝讓趙飛燕在臺上跳舞，突然吹來一陣大風，趙飛燕的裙袖頓時隨風飛舞起來，好像要被吹跑一樣。成帝急忙派人抓住趙飛燕的衣裙，可見其體態之輕盈。而且，趙飛燕還能在宮女托著的水晶盤上舞動，其能在掌上舞的美名也自此流傳了開來。

漢成帝爲了將他所寵愛的趙飛燕冊封爲皇后，差點害死了忠臣。許皇后被廢後，漢成帝恨不得立即把趙飛燕封爲皇后。這時，成帝的老媽出來反對了，她說趙飛燕出身卑賤，不配母儀天下。諫大夫劉輔也上書說不可以。成帝正愁滿腔怒火無處發洩，就把劉輔關入了大牢。幸虧皇太后也不同意，所以劉輔只是丟了烏紗帽，保住了性命。

趙氏姐妹無法生育，是有原因的。傳說趙氏姐妹爲了使她們的膚色變得白嫩，把一種叫做香肌丸的藥丸塞在肚臍眼裏，使之融化到體內。這種藥丸的功效還是不錯的，的確能使她們膚如凝脂、肌香甜蜜。但這種藥丸內含麝香的成分，所以嚴重損害了她們的生殖機能，影響了她們生育。

趙飛燕無法生育，就開始想起了歪點子。她覺得自己是能生育的，可能是成帝那個老男人不行。於是，她派人秘密找了一些身體健壯，生過很多男孩子的男人，然後把他們帶到自己的寢宮。一次，趙飛燕正與一個男人在做苟且之事，成帝突然駕到，趙飛燕只好趕緊把男人藏了起來。可還是露出了馬腳，最後男人被殺，而趙飛燕則由於妹妹的求情，才得以存活下來。

成帝有一個怪癖，就是喜歡偷看趙合德洗澡。趙飛燕知道成帝愛看妹妹洗澡後，就趕緊東施效顰，也讓成帝在一旁觀看她洗澡，還不時地搔首弄姿，撩撥成帝。但趙飛燕哪裡知道，成帝早對她產生審美疲勞了，看了幾眼，感覺實在是味同嚼蠟，成帝就假說自己要上廁所，趁機溜了，把趙飛燕氣得在澡池子裏大發脾氣。

趙飛燕突然發佈通知，說自己要念經拜佛，其實是在神龕後面藏一張床，專供她和男寵玩樂。她只是把念經拜佛當成幌子，借此來迷惑漢成帝，主要是不想讓成帝來打擾她的「好事」。成帝在那裏偷樂，他早厭倦了趙飛燕，卻不知道趙飛燕是在玩花樣。

寧死溫柔鄉

漢成帝雖然昏庸無能，卻是個孝順的皇帝，他從不敢違背老媽的意願。自從成帝想封趙飛燕爲皇后的事在老媽那裏碰了一鼻子灰後，他就開始想各種辦法，最後決定派淳于長去說服皇太后。漢成帝當皇帝不行，歪門邪道倒是有一手。淳于長正是皇太后王政君喜愛的外甥，派他去正是「善戰者以攻心爲上」。淳于長把暖肚子的口水都用上了，皇太后才勉強同意。

得到了老媽的同意後，成帝便詔告天下，封趙飛燕爲新皇后，其妹趙合德爲昭儀。又把昭陽舍裏外都翻新了一遍，臺階用白玉鋪成，還用黃金、明珠、藍田玉等奢侈的東西點綴昭陽舍。成帝稱趙合德的酥胸爲「溫柔鄉」，還恬不知恥地說，我願意老死在這溫柔鄉裡，不願效仿漢武帝追求那虛無縹緲的白雲鄉。

「燕啄皇孫」這話一點都不假。雖然趙氏姐妹專寵後宮很多年，可兩人是中看不中用的花瓶，從未生下子嗣。漢成帝再好色，也不希望自己絕後，於是，就偷偷地臨幸其他妃嬪。趙氏再美貌也抵不住衰老，要想保住富貴就必須有孩子，可自己又不能生。於是她們就遷怒於別人，凡是有人懷孕，二人就瘋狂地摧殘：生下孩子的立即被殺死，被強迫墮胎的更是不計其數。

漢成帝到了四十一歲才得一子，但後來仍被趙氏姐妹給害死了。

曹偉能是侍奉皇后的女教習，成帝見她長得漂亮，就私下裏臨幸了幾次，沒想到曹偉能竟然懷孕了。十月懷胎，曹偉能順利產下一名男嬰。趙氏姐妹知道後，逼著成帝將孩子殺死，可成帝一直不忍心。後來，趙氏姐妹硬是逼著成帝連下四道詔書，終於將孩子給除掉了。

許美人也爲漢成帝生下了一名皇子，但這個孩子卻是漢成帝親手殺死的。漢成帝在上林苑找了一個秘密的場所臨幸了許美人，使許美人生下了一名皇子。可這次都怪漢成帝樂極生悲，興奮地向趙合德說出了實情。趙合德不聽便罷，一聽驚怒萬分，立即鼻涕一把眼淚一把地哭鬧起來，活像一個潑婦。成帝無奈，只好把孩子從許美人那裏騙來，然後親手掐死了他。

漢成帝眼看就要年過半百，可是偌大的「家業」卻沒有一兒半女來繼承。漢成帝

沒有子嗣，就和老媽商議，從兄弟中選擇繼承。成帝的老爹元帝只有三個可以繼承香火的兒子：成帝除外，一個是傅昭儀生的劉康，劉康早死，王位由兒子劉欣繼承；另外一個是馮昭儀生的劉興。成帝經過一番考察，覺得皇侄劉欣比較適合繼承他的「家業」。

漢成帝自己不會做皇帝，在找接班人上卻很下功夫。成帝覺得皇侄劉欣可以繼承漢家的香火，可他的提議卻遭到了大臣們的反對。事關孫子的前途，劉欣的奶奶傅王太后可不能閒著，她趕緊去賄賂皇太后王政君和皇后趙飛燕。王政君對此沒有表態，趙飛燕姐妹倒挺熱心，因爲不牽扯她們的利益。有了趙氏姐妹的幫助，成帝越發欣賞自己的皇侄。於是，他力排眾議，終於立劉欣爲太子。

一向身體強壯的漢成帝，最終死在了他的溫柔鄉裡。漢成帝整天沉溺於酒色，身體慢慢變得骨瘦羸弱。成帝的身體已經禁不住淫欲了，可他在精神上還不滿足，於是就服用方士煉的剛烈丹藥，以滿足自己的欲望。這天晚上，成帝把趙合德召來侍寢，並服用了丹藥。等第二天起床時，突然變得身體僵直，猝然倒地，沒多久就死了。

漢成帝的死訊傳出去後，朝野震動，群臣一齊將矛頭指向趙合德。況且，成帝的確是死在她的床上，鐵證如山，再狡辯也沒有用。趙合德自知難逃罪責，就自殺了。

趙飛燕的妹妹趙合德死了，趙飛燕沒有被牽連，可也成了「驚弓之燕」。成帝死後，趙飛燕整天以淚洗面，再不敢找男寵，規規矩矩地待在後宮。曾經美麗輕盈的「飛燕」再也不敢展翅飛翔，她已成了秋後的螞蚱，飛不起來了。因爲趙家的其他人都被流放到了邊遠的地區。成爲了衆矢之的的「燕子」，又能飛多久呢？

微歷史大事記

西元前五十一年　漢成帝劉驁出生。

西元前三十三年　劉驁即位。

西元前三十一年　漢成帝下詔減免天下賦錢。

西元前十三年　漢成帝下令禁奢靡。

西元前八年　漢成帝設三公，三公制度開始實行。

西元前七年　漢成帝劉驁逝世。

第九章 斷袖之癖漢哀帝

性別不是問題——有斷袖之癖的皇帝

董賢原本是在宮中管報時辰的，後來因天生的一副好相貌而被哀帝寵幸。一次，哀帝無意中在宮中看到一個「傾世佳人」，就派人把「她」找來。找來一盤問，哀帝才知道自己心儀的「她」原來是個男人。不過，對哀帝來說，一個男人能長得如此美貌動人，實在是非常稀少。於是，哀帝就衝破了倫理限制：既然相愛，性別就不是問題。

漢哀帝對待董賢的確像對自己的「愛妃」一樣，極盡男人的體貼與溫情。董賢對哀帝是極盡「男孌」的溫柔，哀帝當然「投之以桃，報之以李」，二人十分恩愛。有

一回，董賢的老媽生病了，哀帝立即派人到處祭祀祈福，還讓路人任意吃喝祭祀所供的供品，以此來爲之消災。平時董賢家裏有什麼喜慶的事情，哀帝也會命令群臣備禮去祝賀。

漢哀帝將同性戀情演繹得轟轟烈烈，還留下了「斷袖之癖」的千古「佳話」。一次，哀帝與他的「愛人」董賢在一張床上睡覺。哀帝醒來後，準備起床，發現自己的袖子被董賢壓在了身下。哀帝捨不得弄醒董賢，就用佩刀割斷了自己的衣袖。董賢醒來後，發現了哀帝的斷袖，弄清原因後，對哀帝越發深情。

漢哀帝愛「美男」愛得發狂，以至於大漢的基業都在「左右搖晃」。哀帝體弱多病，就「掛羊頭賣狗肉」地讓董賢以侍奉哀帝醫藥爲名長期居住在宮裏。由於董賢長期侍奉哀帝，和妻子是兩地分居，哀帝就特許其妻可以自由出入宮禁，還詔令董賢的妹妹爲昭儀、董賢的其他家人也都得到了封賞。自此，董賢一家在朝中變得不可一世、爲所欲爲，把朝綱弄得「烏煙瘴氣」。

漢哀帝希望與董賢白頭到老，死也能同穴。爲了表示對董賢的專情、癡情，他竟然命人在自己的陵墓旁邊爲董賢修建了一座豪華的墳墓。這是他們愛情的墳墓，他們生死都要在一起。一位大臣害怕哀帝步上劉驁的後塵，就勸諫哀帝不要專寵董賢，絕嗣的事情是誰也傷不起的。可處於熱戀中的哀帝哪裡聽得進去，勸諫的人也因此被扔進了大牢。

漢哀帝寵愛董賢已經到了無以復加的地步，竟然想將皇位讓給他。一天，漢哀帝宴請董賢父子及其家人，王閎兄弟在一旁陪侍。漢哀帝喝酒喝得頭腦發昏，色迷迷地看著董賢，說他準備效仿古人，把皇位讓給董賢。王閎聽了，如同被蠍子蜇了一般，趕緊站起來反對。漢哀帝聽了立即拉下了臉，宴席不歡而散。王閎自此便遭到了哀帝的冷落。

董家因爲董賢受到漢哀帝的尊寵而變成了「暴發戶」，大臣們對董家是既鄙夷又畏懼。董家人想娶蕭咸的女兒，蕭咸看不起董家，但又很害怕董家。爲了推掉親事而又不得罪董家，前來說媒的人就對董家人說，蕭咸謙卑，不敢高攀。董家人嘆息道，我們董家沒有得罪什麼人啊！

董賢的老爹曾在孔光的手下當過差，可董賢卻傍上了皇帝這個「大款」，一下子由麻雀變成了鳳凰。一次，哀帝讓董賢私下裏去拜訪孔光。孔光是個聰明人，知道哀帝寵愛董賢，就對董賢畢恭畢敬。哀帝知道孔光對董賢非常禮遇，十分高興，就立刻封賞了孔光的兩個侄子。

Q 一山有二虎——兩大集團之爭

漢哀帝荒淫不理朝政，致使社會矛盾激化。王政君面對江河日下的劉氏江山，實在看不過去，就建議哀帝下詔書，限制官員豪紳占田與廣蓄奴婢。可是哀帝卻帶頭破壞規定，狠命地封賞董賢，詔書等於放屁。王政君無奈，就詔令自己的娘家人帶頭節儉，除了自己的祖墳塋地，其餘都要分給貧民。自此之後，王政君就得了個慈善國母的美譽。

漢哀帝是一個悲哀的皇帝，面對將要傾倒的西漢「大廈」，他只能坐以待斃。漢哀帝小時候由奶奶傅昭儀親自撫育，熟讀經書，推崇節儉樸素。當了皇帝之後，他也是雄心勃勃，並且還推行了一連串富國強民的政策。可是，大漢的積弊已久，再加上頑固大臣們的阻撓，哀帝只能空有大志。自此，哀帝開始墮落，大漢江山也開始陷入風雨飄搖中。

哀帝劉欣當政時，出現了「一山容二虎」的現象。在丞相朱博的提議下，哀帝封奶奶傅昭儀爲太皇太后，封自己的老媽丁姬爲丁太后。也就是說，如今出現了兩個太皇太后：王太后、傅太后，兩個皇太后：丁太后、趙太后。而且，她們級別相同，享受的待遇也相同。漢哀帝的奶奶傅昭儀不甘心屈居太皇太后王政君之下，可是，以王政君爲首的王氏家族把持朝政多年，傅昭儀又算哪根蔥？想扳倒王氏家族沒那麼容易。於是，傅、王兩大集團展開了激烈的鬥爭。

哀帝是個膽小的人，他誰也不敢得罪，所以就採取中庸之道。他不敢得罪掌控朝政多年的王政君，更不敢得罪自己的奶奶，於是就想方設法平衡王、傅兩大集團的勢力。有人提議讓王莽「下崗」，哀帝就取了個折中，讓王莽停薪留職；至於奶奶那邊，他也是能順從就順從，不能順從就折中。

王莽是因爲一個酒宴被罷黜的。哀帝夾在王、傅兩個家族中間不好受，所以十分希望兩個太后能和平相處。一次，哀帝辦了一個酒宴，宴請了許多皇親國戚，最主要的是宴請王政君和傅昭儀。王莽提前去酒宴上檢查座次，發現傅昭儀和王政君是平起平坐的，立刻就破口大罵，說傅昭儀算得上哪門子太后，怎麼能和王政君等同。受到此等侮辱，傅昭儀就讓哀帝罷免王莽。王莽見機行事，趕緊辭官，隱居新野。

王莽罷官回家後，竟然名氣大漲。王莽之前身居高位，卻總能禮賢下士、謙卑節儉，常常把自己的俸祿分給門客和窮人，所以在民間深受愛戴。隱居期間，他的二兒子打死了一個家奴，王莽嚴厲責罰了兒子，並逼兒子自殺，更是獲得好評。因此，許多官吏和平民都爲王莽被罷免鳴不平，紛紛要求他復出。哀帝只得重新召王莽回京城

侍奉王太后。

王政君忍耐傅昭儀的得寸進尺，只是爲了給兒子劉驁報仇。很明顯，劉驁是風流致死的，王政君也是心知肚明。趙合德死了，可趙飛燕這個狐狸精還沒有死。要不是她魅惑兒子，兒子劉驁怎麼會斷子絕孫。這筆血債，王政君是要讓趙飛燕償還的。但是，王政君這次打錯了算盤，傅氏集團突然覺得趙飛燕是一張好牌，所以就把趙飛燕供奉了起來。

董賢被封侯，是出自「天意」。漢哀帝自幼多病，可他總認爲自己的身體是好的，肯定是有人在背後咒他，於是就派人去查。結果查到東平王劉雲的夫人在廟裏祭祀詛咒哀帝，東平王也有要當皇帝的不臣言論。哀帝一直想封董賢爲侯，但苦於沒有機會，這下終於逮到了。於是，哀帝就將調查的功勞放在了董賢的頭上，董賢終於得以名正言順地封侯。

Q 愛到卡慘死

哀帝是有政治野心的，可惜力不從心，更不會用人。哀帝的奶奶傅昭儀死後，傅氏集團就徹底散夥了，而王政君的得力助手王莽也被攆回了封地。而今，沒有人和哀帝作對，總算可以自己掌權了，真是高興啊！但是，哀帝的身邊除了有董賢這個花瓶美男外，其他有能力又有才華的人幾乎沒有。更悲哀的是，漢哀帝的身體也一天不如一天了。

處在熱戀中的哀帝，心裏只有他的董賢，他對董賢的寵幸打破了漢朝的紀錄。但面對董賢的「美色」，哀帝是心有餘而力不足，因爲他的身體不行。所以哀帝只好服用大量的春藥，終於將身子給掏空了。這真是「死了都要愛」。

帝王之尊尚且沒有幾個人得以好死，那他就更顧及不了他寵愛之人的身後事了。哀帝死後，董賢就成了一個沒有依靠的「寡婦」。命硬的王政君熬死了幾個皇帝，現在又是她的天下了。政治眼光非常敏銳的王政君趕緊將傳國玉璽藏了起來，然後召見董賢。王莽給董賢安了一個荒誕的罪名，董賢畏罪自殺。

董賢死了也不得安生，還被挖墳驗屍。董賢夫婦自殺後，家人大氣也不敢出，就連夜將他們隨便埋了。王莽消息靈通，很快就知道了，但他又怕董賢是假死，於是就派人挖墳，看看是真是假。最後確認屍體確實是董賢，這才甘休。

＊微歷史大事記＊

西元前廿五年　劉欣出生，其父為定陶恭王劉康，其母為恭王妃丁姬。

西元前廿三年　劉康去世，年僅三歲的劉欣嗣立為王。

西元前八年　劉欣被漢成帝劉驁封為太子。

西元前七年　漢成帝駕崩，劉欣即位，是為哀帝。

西元前五年　劉欣上演了一場「再受命」的鬧劇。

西元前一年　劉欣病逝，葬於義陵。

第十章 陽奉陰違的王莽

最強心機王

兒子漢成帝劉驁登基後，皇太后王政君的娘家真是「一人得道，雞犬升天」，她的兄弟們都得到了好處，只有一個兄弟王曼死得早，沒能撈到好處。王曼的二兒子叫王莽，長得奇醜無比。王莽的哥哥很早就死掉了，他就成了長子，同時也擔起了家庭的重擔。窮人的孩子早當家，王莽人窮志不短，他雖然過著苦水加黃連的日子，但做起事來很有幹勁。

王莽年紀輕輕就非常有心機。一年，一向掌握朝政大權的王鳳病了，王莽心想自己出頭的機會來了，就主動要求照顧大伯父王鳳。一連幾個月，王莽都是衣不解帶、

細緻入微地侍奉王鳳。藥煎好後，王莽也要先嘗一下溫度是否適宜，適宜了才端給王鳳服用。王鳳大爲感動，就把王莽舉薦給了王政君。王莽自此開始青雲直上。

王莽深諳官場之道，他的官位正是用謙恭有禮贏得的。王莽做人很低調，懂得放下身架處世。他不管自己處於哪個級別，對王氏的長輩和同事們始終都是以禮相待。這讓朝中的同事們都深深被他感動，於是紛紛聯名上書，大讚王莽的德行和才學。漢成帝當時也覺得，王莽雖然人長得像個夜叉，可人品還不錯，於是就封了他爲新都侯、騎都尉及光祿大夫侍中。

王莽的野心很大。他被封侯後，表面上還是和貧賤時期一樣，沒有一點驕橫狂妄之態，依然非常謙恭。他廣邀天下有賢德的人來做官，還將自己的俸祿分發給天下的寒士們，而他自己生活卻非常節儉。一次，王莽的老媽臥床不起，同事們紛紛派自己的老婆來探望，來客們差點把穿著寒酸的王莽老婆當成了女僕。

阻礙王莽往上面攀爬的敵手是淳于長。淳于長是皇太后王政君的親信，想扳倒他不容易。王莽想接替王根的職位，淳于長是他的有力競爭對手。爲了扳倒淳于長，王莽開始秘密搜集他的罪證。後來發現淳于長色膽包天，竟與被廢的許皇后私通。王莽趕緊告訴王根，王根大怒，命他趕快向太后彙報。後來，王太后讓成帝罷免了淳于長，並將其打入大牢，淳于長最後死在了獄中。王莽終於接替了王根的職位。

王莽有一套自己的「買心術」。一次，王莽私下買了一個美貌的奴婢做丫頭。有人知道了，還以爲他也是一個「好吃腥的貓」，於是就很猥瑣地問他。王莽卻一臉正色地說：「有個將軍沒有子嗣，我聽說他非常想要一個兒子，就給他買了一個奴婢，好爲他生個兒子。」可見，王莽是很會收買人心的。

王莽最終盜國成功是因爲王政君的偏袒。哀帝死後，沒有兒子可以繼承皇位，皇帝的寶座就處在了真空狀態。王政君手握玉璽，召集大臣們商議大司馬的人選。由於王莽以前的公關做得好，大部分大臣都推舉王莽。只有兩個大臣反對，這二人認爲，只有宗親輔佐幼主，才能避免大權落入外戚之手。但王政君不聽忠言，硬是任命王莽爲大司馬。

王政君在皇帝新死之際，不是先選皇帝，而是先選王莽爲大司馬，其目的還是想讓娘家人掌權。王莽被任命爲大司馬後，又怕年齡大的皇帝不好掌控，就擁立了年僅九歲的劉衎爲皇帝，是爲漢平帝。小皇帝乳臭未乾，容易控制，王莽從此開始掌握軍政大權。

趙飛燕一點也不紅顏薄命，反而命硬得很，不過最終還是不得好死。王莽掌權後，要把他心中積攢的怨氣都發出來。當年劉驁死時，王政君命王莽調查劉驁的死因。由於哀帝劉欣插了一手，趙飛燕沒有受到懲罰。如今，哀帝也死了，王莽便立即

給她訂了三大死罪。趙飛燕先是被打入冷宮，再被貶爲平民，爲成帝劉驁守墓。耐不住寂寞的美人趙飛燕最終選擇了自殺。

王莽整人整得也很徹底。以前傅氏集團想把王氏集團鬥垮，王莽早就把這筆賬記在自己的心裏了。別看哀帝的奶奶傅太后和母親丁太后已經成了死人，但王莽還是不打算放過她們。人雖然死了，可名號還在，所以必須把她們的名號給改了。於是，王莽把傅太后改成了定陶共王母，丁皇后改爲丁姬。但王莽覺得還不夠解恨，又把傅、丁外戚全部免職流放。

傅氏集團被王氏集團徹底打倒了，只有傅喜一個人除外。傅喜實在是一個妙人，不愛功名利祿，彷彿不食人間煙火一般。王氏集團當然喜歡這樣的妙人外戚，於是王政君下詔，命傅喜爲特進。傅喜不喜歡玩政治，但懂得官場險惡，還是像以前一樣不接受。王政君也懶得管那麼多閒事，就讓傅喜回到封地養老去了。

後宮清洗乾淨了，傅、丁外戚也被整垮了，王莽又把目標投向了董氏家族。董賢死了，可是董賢家裏還有很多哀帝送的東西。王莽想想，心裏就有些妒忌，董賢實在沒什麼能耐，就憑一張臉吃飯。王莽查抄董賢的家時，震驚地發現，抄走的錢都能蓋一座長安城了。抄完了死人的東西，活著的人也不能放過，王莽又將董氏家族全體撤職流放。

王莽爭權奪利的能力很強，改革能力卻不怎麼樣。王莽自認爲大權在握，是自己大展拳腳的時候了。他將丞相改爲大司徒，御史大夫改爲大司空，大司馬一職暫時保留。這不是換湯不換藥嗎？光把名字改了，性質還是沒有變：大司徒管理政府，大司空負責監察，大司馬掌握軍權。此次改革實在沒有什麼創新可言，還是老套路。

王莽剛剛掌權，自己扶植的前輩們卻紛紛提出了辭職。王莽掌權後，再不像以前那樣對人畢恭畢敬了，他摘下了面具，露出了本性。大司空彭宣實在看不慣王莽的蠻橫樣，就提出了辭職；孔光也覺得幹著沒勁，也要辭職。對王莽來說，彭宣可以走，孔光卻不能辭職，因爲他這枚棋子還有用。最終，王莽沒有答應孔光的請辭，而是讓他當了皇帝的老師。

隨著權力的增大，王莽的野心也越來越大。自從王莽復出後，朝堂上下被他大清洗了一遍，連王家內部也讓他給肅清乾淨了。可以說，現在的王莽已經是一手遮天了，但他的野心並未止於此。一天，王莽買了三隻白野雞給王政君看，王政君不明白是什麼意思，可熟讀古文的大臣們明白，白野雞和周公有關。「周公吐哺，天下歸心」，王莽這是想得到天下。

王莽是個想得便宜還賣乖的人。「白雞事件」後，王莽開始賣乖，暫時把野心隱藏了出來。王政君雖已漸漸地看出了王莽的政治野心，可還沒有想到王莽有篡漢之

意。王政君在娘家人中也實在找不出第二個可用的人，就封了王莽爲安漢公。王莽實在太會賣乖了，一般都是事不過三，王莽卻是推辭了五次後才接受封賞。

王莽被封爲安漢公後，還是不滿足，又想奪他姑姑王政君臨朝聽政的權力。王莽在朝堂上下已經沒有對手了，只有王政君的權力是他最後的障礙。朝堂上的大臣們都唯王莽馬首是瞻，在王莽的授意下，大臣們就上奏，要王政君把權力交給王莽負責。此時的王政君已經七十二歲了，也沒有什麼精力與年輕人較勁了，就答應了群臣的上奏。

王莽掌握了輔政大權後，仍然感覺大權不夠牢固，他要將漢平帝劉衎牢牢地抓在手裏，任意揉捏。王莽怕漢平帝的外家干政，便趕緊派人到中山國，封漢平帝的老媽衛姬爲中山孝王后，封衛姬的兩個兄弟爲關內侯。「關內侯」是個有名無實的虛名頭銜，只有封號，沒有待遇。王莽的目的是讓這些人乖乖地待在封國，別隨便找事。

王莽是個「官僚主義者」，他很懂官場上的道道，更懂得怎麼做表面文章才能收服人心。有一年，一個郡國出現了蝗災和旱災，百姓們苦不堪言。這種「露頭」的機會，肯定少不了王莽。他帶頭捐地、捐錢，慷慨大方地救濟災民。這樣一來，其他官員們也都紛紛仿效他，用各種方式去安撫災民。並且，一旦遇到什麼災荒，王莽還會裝模作樣地吃齋。

作秀的冠軍寶座，非王莽莫屬。漢平帝十一歲時，需要選立皇后。王莽明明想讓自己的女兒入選，卻裝作自己的女兒不配當皇后。王政君已經領會了王莽的意思，她就下詔說王家人棄權。此時的朝堂中誰敢與王莽爭鋒，那簡直是找死。大臣們紛紛聚集到未央宮門口，靜坐請願。這一請願，反而使王莽的女兒人氣大漲，皇后的人選也就非王莽女兒莫屬了。

王莽是個很會借花獻佛的主兒。漢朝規定皇后的聘禮是黃金兩百斤和十二匹馬，可漢平帝娶王莽的女兒時，朝廷卻撥了兩萬斤黃金作爲聘禮，這些錢能娶兩百個皇后了。王莽裝出一副不愛錢的樣子，只收了六千三百斤，又從中抽出了四千三百斤去做慈善事業，送給王氏家族中的貧寒人家。他這是在利用朝廷的錢，爲自己贏得親族們的讚譽。

正當王莽大權在握、春風得意之時，突然發生了「狗血門」事件。王莽爲了穩固自己的權力，將漢平帝的母族封在了中山國，禁止他們來京師。王莽的長子王宇怕平帝日後會怨恨報復，因此極力反對此事。王宇想用迷信的方法使王莽改變主意，就派他懷孕的妻子向老爹門前潑狗血，然後以此爲異象，勸說王莽將權力交給衛氏，誰知當場被抓。王莽大怒，將王宇關入大牢並毒殺，王宇的妻子生完孩子後被殺。

王莽逼死逆子王宇之後，便對反王莽集團做了一次徹底的「大清洗」。針對自己

後院起火的事情，王莽非常震怒。因此，凡是與王宇有關的人，全部都被抓了起來，其中還包括與漢平帝有關的一些人。除了衛姬以外，其他人全部被殺。此次至少殺了幾百人。

漢平帝簡直是活在王莽的刀口下，不僅沒有掌握皇帝的實權，連性命都是朝不保夕。漢平帝登基後，漢朝的百姓從來沒有見到漢平帝辦過一件實實在在的事情，因爲所有的事情都是王莽代皇帝處理的。漢平帝眼睜睜地看著王莽大肆殺戮自己的親人，卻不敢吭一聲。在王莽面前，漢平帝只能有一張笑臉。如果哪天平帝臉上有一絲對王莽不滿的表情，他就會人頭落地。

王莽是個愛折騰的人，唯恐天下不亂。他上次用群臣集體請願的戲，使女兒當上了皇后。這回，他又故伎重演，命令王舜召集一些官員和貧民們，再次爲他請願。上次是爲了掙面子，這次是爲他請願加薪水和待遇。這可把王莽的姑姑王政君煩死了，明裏說是請願，實際是向漢室示威。到給他封賞的時候，他又假惺惺地說不要，最後再「勉爲其難」地接受。

鮮有人喜歡遇見喪事，碰見喪事唯恐避之不及，而王莽卻是個喜歡辦喪事的人。王莽對劉家人看似很忠誠，實際卻是陽奉陰違。王莽最喜歡給劉家辦喪事，因爲給劉家辦一次喪事，就預示著他離施展拳腳的機會更近了一步。他總共給劉家人辦了三次喪事：成帝劉驁的喪事、哀帝劉欣的喪事、平帝劉衎的喪事。

漢平帝自幼便體弱多病，十四歲時就病死了。平帝死後，元帝劉奭這一脈便絕了後，王政君就下詔從宣帝劉詢的曾孫中選立新的皇帝。王莽不想讓年歲較長的人當皇帝，怕自己駕馭不了。於是，就選了兩歲的劉嬰當皇太子，自己則「代天子朝政」，名爲代班，命掌握著實權。

王莽篡漢之心，天下人都看出了端倪，況且此時他已經不避諱了。王莽選了乳臭未乾的劉嬰當皇太子後，自稱「攝皇帝」。不管是在朝中還是出行，王莽的排場都與皇帝沒有兩樣，只有見了劉嬰和太后王政君時才稱臣。

王莽的篡漢之舉徹底激怒了劉氏子孫。劉氏的起義隊伍不斷壯大，並一步一步逼近長安。王莽非常恐懼，飯也吃不下，日夜抱著孺子嬰在宗廟禱告，還寫了一篇文章，說自己攝政是臨時的，將來一定會將皇位歸還給孺子嬰。同時，他又不斷調動大軍鎮壓。不知道是不是祈禱起了作用，最終，王莽終於打敗了義軍。

王莽剿滅了反對他的劉氏子孫的義軍，開始僥倖起來。王政君冷眼旁觀義軍的起起伏伏，心裏也是百味雜陳。這時的王政君越來越討厭王莽，確切說是害怕王莽了，王莽像個掃把星一樣，把劉家的江山弄得一塌糊塗。正在她慨嘆之際，王莽又上了一道奏疏，說北方有祥兆，該由他直接掌權。此時的王政君已經無力回天，就任由王莽

折騰去。

Q 果然有夠「新」——王莽篡漢

王莽只在王政君面前稱「攝皇帝」，在其他人面前都是皇帝。可他並不滿足，他想在所有人面前都稱皇帝。後來，王莽乾脆頭戴皇冠地去拜見王政君。隨後，王莽即位爲皇帝，定國號爲「新」，紀元稱「始建國」。此時的王政君腸子都悔青了：怪只怪自己被王莽這個賊子蒙蔽，養虎爲患，負了漢室！

傳說中的傳國玉璽缺了一個角，這個缺角正是王政君摔的。王政君一直對王莽的篡漢之舉痛恨不已，天天在自責中度過。一次，王莽的狗腿子王舜來見，王政君料到他來肯定沒有好事。果然，王舜是受王莽之托，來向王政君要傳國玉璽的。王政君一氣之下，把玉璽摔到了地下，摔破了一角，然後邊哭邊大罵王莽等人的篡漢舉動。

王莽爲了讓自己成爲名正言順的皇帝，製造了不少「奇蹟」。齊郡出現了一口新井。有井沒什麼可奇怪的，奇怪的是齊郡的一個亭長夢見天公派使者告訴他，亭子中將要出現一口新井，預示著攝皇帝要成爲新皇帝。亭長夢醒後一看，果真出現了一口百尺深的新井。王莽就把他自己製造的這些徵兆告訴王政君，並且又添油加醋了一番。

王莽如願當了皇帝，可是他的姑姑王政君作爲漢室的老寡婦卻活在煎熬之中。王莽成爲皇帝後，完全顛覆了漢朝的制度，推行周朝古制。而王政君仍然居住在她以前的宮中，時刻不忘自己是漢朝的太后。並且，她還讓自己宮中所有的人都仍穿著漢朝服飾，按照漢家的規矩來生活。這時的王政君仍舊沉浸在對漢朝歲月的追憶之中。

王莽建立了新朝，可他的姑姑王政君還是漢朝的太皇太后，這等於是在打王莽的耳光。於是王莽在新朝穩定後，就給王政君改了尊號——新室文母太皇太后。這麼個不倫不類的尊號，更加重了王政君的傷痛。

王政君死後，王莽宣布爲姑姑守孝三年，並且把她葬在了元帝陵墓區內。但是，王莽卻在這兩座墳中間挖掘了一條大溝，意思是自己的姑姑是新室文母，應該與漢家元帝絕緣。這種「曖昧」的安葬方式，真是趣聞。

孺子嬰這個西漢末代皇帝當得很可悲，他連個皇帝的名號都沒混上，兩歲當上皇太子，五歲就成了亡國之君。王莽篡漢後，封了孺子嬰爲安定侯，卻不准他回封地，而是把他關在了專爲他準備的「安定公第」。室內一無所有，而且還不能和別人說話。可憐孺子嬰長大後，竟然連豬狗牛羊都不認識，話也說不清楚，儼然成了一個傻子。

王莽當皇帝後，第一次幣制改革失敗了。他在漢朝用的貨幣基礎上，又加鑄了三種貨幣。同時還規定，列侯以下不能私藏黃金，有黃金的統統上繳。如果能將黃金交到御府，就能夠得到更多的酬金。王莽此舉意在削弱豪強的經濟實力，但別人也不是傻子，所以沒有一個人上繳。王莽的篡漢之舉本就已經讓天下人寒心了，這次幣制改革也只好草草收場。

王莽總共進行了四次幣制改革。一向愛名不愛錢的他，在錢的問題上實在是「孺子不可教也」。由於王莽進行幣制改革的次數太多，造成了貨幣品種繁多，不僅給百姓的生活帶來了不便，還使社會陷入了混亂。此外，民間一些善於「鑽空子」的奸商們，也偷偷地鑄起錢來。這樣一來，社會更加混亂了。

在改制期間，王莽實行了「五均」、「六筦」制度來管理新政權的經濟。王莽缺乏經濟頭腦，他實行的經濟管理制度，不僅沒有使經濟順利快速地發展，反而造成國民生產總值下降。這主要是由於王莽實行的新朝法令太瑣碎、太繁雜、太苛刻。雞零狗碎的法令，百姓根本記不住，致使很多人總是觸犯法律。再加上農民需要服很重的徭役，天災也不斷，最終王莽只好廢除了這項法令。

王莽是個矛盾的人，他一方面想「革漢而立新」，另一方面卻又頑固不化。王莽改革依據的要麼是古制，要麼是不科學的東西，倒行逆施是無法迎合時代的需要，讓國家富強起來的。王莽循古守舊、奇怪荒謬的改革使國家出現了破敗的現象：國家社會矛盾更加深化，土地兼併日益嚴重，經濟規律遭到破壞。

別看王莽建立了名義上的新國家，這國家卻是破敗不堪。西漢王朝本就積弊已久，記憶體混亂，王莽的新政權不僅沒有將國家刷新，反而在這灘渾水中亂攪，再加上天災人禍，百姓的日子非常難過。由於沒有吃的，百姓們把木頭煮了來充饑。很多地方甚至還出現了人吃人的慘烈場景。

隨著國內矛盾的日益加劇，農民起義終於爆發了。起初只是星星點點，後來終於形成了燎原之勢。農民起義軍們捕殺官吏，打擊豪強，從根本上動搖了王莽的政權。

劉氏子孫都是一些膽小如鼠的人，看到人家起義了才敢出來響應。起初，一個叫王匡的人組建了綠林軍劫富濟貧，深得百姓擁護，他的隊伍也不斷壯大。綠林軍在王匡的領導下勇猛無敵，瓦解王莽的軍隊如探囊取物。這時的劉氏子孫們感覺恢復漢室有望，便也紛紛站出來響應。

赤眉軍把眉毛染成紅色是有原因的。樊崇組織的起義軍紀律獨特：文書、旌旗、號令的設置都沒有，只在內部尊稱首領爲「三老」，領導們之間相互稱「巨人」。樊崇的義軍作戰靈活，善於出奇制勝，王莽只好派大軍死命鎮壓他們。一時間，官兵與義軍廝殺得不可開交。樊崇怕義軍與官兵混淆，就讓義軍們用礦物把眉毛染紅。

劉氏子孫劉演看到起義軍隊伍不斷壯大，並且節節勝利，就想利用他們，讓自己稱帝。可是，起義軍們也有野心，他們想選擇優柔寡斷，沒什麼實力的劉玄。沒多久，綠林君就立了劉玄爲帝，是爲更始帝。

起義軍的浩大使王莽把心提到了嗓子眼兒。王莽聽說起義軍們立了劉玄爲帝，心裏十分慌亂。於是趕緊派百萬大軍前去鎮壓綠林軍。但王莽還是不放心，最後連無比兇猛的野老虎、犀牛、豹子、大象也被牽到了戰場上參戰。這在歷史上是非常罕見的戰鬥。

漢平帝之死，王莽對外說是病死的，但更多人願意相信是他毒死的。此時，劉秀也以殺君篡權的罪名討伐他。王莽開始怕了，他終日都處於惶恐不安之中：吃飯沒有味道，睡覺總是噩夢連連。無奈，王莽只好用閱讀軍書來打發時間，實在累了，就靠著桌子瞇一會兒，連上床睡覺都不敢。

王莽的女兒王莧是個有氣節的人。王莧是漢平帝的皇后，漢平帝死後，她就成了寡婦。後來王莽篡漢成功，又建立了新朝，封王莧爲黃皇公主。王莧對漢平帝也是有感情的，平帝死後，她一直爲平帝守節，不願再嫁，更沒有因爲耐不住寂寞去找「小白臉」。起義軍火燒皇宮後，王莧覺得沒有臉面再見漢朝人，就跳進火中自焚了。

王莽的妻子是一個瞎子，而且是哭瞎的。在王莽稱帝之前，他把長子、次子都逼死了，三子王安又被嚇瘋了。王莽稱帝後，只好將幼子王臨立爲太子。由於王莽連續殺了兩個兒子和一個孫子，王莽的妻子爲此悲傷過度，哭瞎了雙眼。

窮途末路的王莽如困獸猶鬥。義軍很快就要攻到皇宮裏來了，王莽身邊已經是無人可用，但王莽並沒有死心。他釋放了城裏關押的犯人，把他們武裝起來，逼他們爲自己拼命。可惜，這群烏合之眾很快就被義軍打得潰散逃走。長安城外，各路義軍們把王莽的祖墳挖了一個遍，並把他們的棺材及廟堂付之一炬。

王莽死到臨頭了，還奢望天能夠幫助他。皇宮被起義軍焚燒後，王莽逃到了未央宮的前殿避火，並找到天文官爲他占卜時刻方位的吉凶。王莽真是糊塗到家了，以前占卜這些東西都是他自己搞的鬼，可這時的他，仍然自欺欺人地相信占卜。王莽坐在占卜顯示的吉利方向說，上天賜給我這樣的品德，我就不信漢軍能把我怎麼樣。

亂臣賊子王莽竟然也有忠心耿耿輔佐他的人。王邑連續幾天不分晝夜地戰鬥，爲王莽賣命。疲倦的王邑想看看宮中還有可用的人沒有，正好看到兒子王睦要逃走，便趕緊叫住兒子一起護主。這時，義軍們已經攻入了皇宮，並找到了王莽躲藏的地方。他們殺了那些忠心護衛王莽的人，包括王邑父子。很快，王莽的人頭也被砍了下來。

微歷史大事記

西元前四十八年　漢宣帝崩，漢元帝即位，王莽的姑母王政君被封為皇后，外戚王氏集團開始形成。

西元前廿二年　王莽被任命為黃門郎，後升射身校尉，開始進入專權的王氏集團。

西元前十六年　王莽被封新都侯、騎都尉及光祿大夫侍中。

西元前八年　王莽繼他的三位伯、叔之後出任大司馬。

西元前八年　漢成帝崩。

西元前一年　漢哀帝無子而崩，漢平帝即位。

西元四年　王莽的女兒成了皇后，加號宰衡，位在諸侯王公之上。

西元六年　漢平帝病死，四月，王莽立年僅兩歲的劉嬰（號孺子）為皇太子，太皇太后命莽代天子朝政，稱「假皇帝」或「攝皇帝」。

西元九年　王莽接受皇太子劉嬰（號孺子）禪讓後稱皇帝，改國號為新，改長安為常安。

西元廿三年　王莽被攻進長安的起義軍殺死。

下篇

東漢

第十一章 復興漢室光武帝

大漢新秀光武帝

劉秀的祖上是漢景帝所生的劉發，但劉發這一支傳到劉秀時，已經成了「破落戶」，劉秀在兄弟中排行老三。據說他出生時，滿室紅光，明亮如晝。他爸爸劉欽就趕緊問算命先生原因，那人詭秘地說：「這是大吉大利的徵兆，天機不可洩露。」剛好當地一家田裏又長出了一棵結了九個穗子的「嘉禾」，於是劉欽就給兒子起名爲「秀」。

劉秀九歲時，父親去世，叔叔劉良收養了他。雖然家裏很窮，但劉秀一直自負自己是高祖的「高貴」血脈，從小就有匡扶漢室的志向。長大成人後的劉秀，是一個身

材魁梧有富貴相的小夥子。可是，爲了家人的生計問題，他成了一個勤懇的農夫，他的長兄常恥笑他沒有出息。

劉秀不僅是一個種地的好手，還是一個很有經濟頭腦的人，常趁農閒時間把農產品運出去銷售。並且，他從小就養成了樂善好施的好習慣，在鄉里深得父老讚譽。

在王莽天鳳年間，劉秀聽說精通《尚書》的許子威辦了一所學校。於是，就賣了一些糧食和財物，與和他志同道合的朋友一起去長安讀書。在長安讀書時，繁華的大都市使他大開眼界。他還在此地結識了一些俊傑之士，比如嚴光、朱祐、鄧禹等人，這些人後來都成了助他成就一番事業的人物。

王莽地皇三年，南陽鬧了一場大饑荒，哥哥劉演的賓客幹了一些攔路搶劫的勾當，劉秀也成了這夥土匪中的一員。爲了躲避官府的追捕，劉秀逃到了新野的姐夫家裏。在新野，他聽說陰家有一個女兒非常漂亮，人稱新野第一美女，因此十分仰慕。一次和朋友討論理想時，他便說了句流傳千古的名言：「仕宦當做執金吾，娶妻當得陰麗華。」

劉秀的確像他的名字一樣，長得很俊朗清秀。劉秀的身材修長，五官很端正，長得白白淨淨的，以至於鄰居家常讚嘆地說，我家的小孩要是能長成劉秀這樣就好了。劉秀起義後，穿著一身軍裝，更顯得英姿勃勃。起初在戰場上打仗時，對陣的敵人不認識他，回答的人就說，那個俊秀的奶油小生就是劉秀。

劉秀和哥哥劉演一起組織起義，起義的眾子弟都是因爲劉秀才留下的。劉演和劉秀最初起義時，希望舂陵的子弟們參與。可是，諸子弟都不待見劉演的爲人，不願加入。等他們看到劉秀的忠厚模樣後，他們才說，這個人看著倒是挺老實厚道的，可以爲他效勞。之後，兩兄弟的起義隊伍很快就壯大到了七八千人。

牛背上的皇帝

光武帝是中國歷史上唯一一個騎在「牛背」上的皇帝。劉秀天生就是幹大事的料：不愛金錢、不愛美色、不愛虛名頭銜。劉秀剛當兵的時候，軍中的戰馬不夠騎，許多軍官都爲了爭奪坐騎而吵得不可開交。劉秀雖然是首領的弟弟，應該得一匹馬，可他卻主動把馬讓給了其他的軍官，自己則騎著一頭幫他賣穀子做生意的牛。棘陽大捷後，劉秀才擁有了第一匹不怎麼樣的戰馬。

劉秀帶領的軍隊紀律非常嚴明。劉秀在第一次戰役取得勝利後，發現士兵們搶掠百姓的財物，甚至還濫殺無辜，這些都讓他很痛心。後來，劉秀就嚴格要求自己的下屬部隊，不准打著起義殺敗類的名義做些不義的事情。這項紀律頒佈以後，劉秀獲得

了無數百姓的支持和讚譽。

劉秀曾被更始帝劉玄視爲會威脅到他地位的人。劉秀和哥哥劉演舉事後，屢屢勝利，兄弟倆立下了赫赫戰功。可是，義軍們卻擁立劉玄爲皇帝。劉演狂妄自大，想取劉玄而代之，但沒多久，便被劉玄當作眼中釘給拔去了。劉秀自此也成了劉玄懷疑的對象。

劉秀和哥哥劉演的手足情很深。都說男兒流血不流淚，只是未到傷心處。哥哥劉演被他的族兄劉玄殺死後，爲了保全劉家的眷屬子弟，劉秀不敢爲哥哥服喪，更不敢接受親戚朋友的弔唁。但是，負責伺候劉秀飲食起居的人卻知道劉秀的悲痛，因爲他們每天收拾房間時，都可以看到劉秀的被褥上都是掉的「金豆子」。

劉秀管理河北時，完全有控制中原之勢。劉玄讓劉秀代理大司馬，管理河北。他的本意是借此控制住劉秀，以免劉秀有二心。誰知，劉秀到了河北後，卻擁有了獨立發展自己勢力的機會。河北地區經濟發達，這給劉秀發展勢力提供了經濟基礎。劉秀擁有了河北，就可以控制中原，從而縱覽天下。

劉秀頗有政治才能，很會收攬民心。劉秀在河北時，對各地的官員進行了考察和獎懲：提升了有才能、有政績的，把那些酒囊飯袋、貪官污吏們統統降職。他還親自平反冤假錯案，廢除苛政，恢復漢朝官名。沒過多久，河北便被治理得民風純正，經濟也更加繁榮了。自此，官民們都更加擁戴劉秀了。

鄧禹是劉秀的老同學，此人在劉秀收取民心上起到了很大的作用。劉秀治理河北有方，老同學鄧禹聽說後，前去慶賀。其實，鄧禹的主要目的不在於此，而是想給劉秀打氣。當天，兩個老同學見面暢談了很久，並分析了天下形勢。鄧禹以爲劉玄才淺德薄，不能光復漢室，並囑咐劉秀的當務之急是好好地收服民心。這樣一來，劉秀更有幹勁了。

在王莽時期，有一個人自稱是漢成帝的兒子，名叫劉子輿。後來，這個漢成帝的「野孩子」被王莽殺了。河北邯鄲有一個人叫王郎，這人自稱「半仙」，以算命爲職業。王郎是個膽大的人，竟然不畏懼王莽的勢力，謊稱自己就是劉子輿，並在長安自立爲帝。王郎勢力很大，在邯鄲與劉秀交戰，結果劉秀敗逃。

王郎稱帝是由於西漢後裔劉林的攛掇。劉林好像是從原始森林裏剛出來的野性主兒，他一見到劉秀，就把自己的殺手鐧拿出來炫耀：現在赤眉軍勢大，依我看，我們不如把他們殺得片甲不留，絕招就是挖開黃河的堤壩，讓他們個個都當淹死鬼。劉秀不忍心如此做，還斥責了劉林。劉林看劉秀是個軟蛋，就走了，又找了個叫王郎的人，讓他在邯鄲稱帝。

劉秀在躲避王郎的追捕時，發生了一件神奇的事情。劉秀脫離了王郎的控制區，逃到了一個河邊，卻因爲沒有船而過不了河。劉秀讓手下的王霸去河邊打探一下，王霸怕擾亂軍心，就謊說河裏結冰了。眾人聽了很高興，到了河邊一看，河水果真結冰了。等眾人過了河，冰又解凍了。

劉秀是一個不計前嫌的人。劉秀帶領義軍攻佔了邯鄲，殺死了王郎。在王郎宮中搜東西的時候，竟然搜出了幾千封劉秀手下寫給王郎的效忠信。劉秀卻看也沒看，就當著全體將領們的面，把這些信件燒了，還毫不在乎地說，讓那些睡不著覺的人睡個自然醒吧。自此，那些曾經有過貳心的人，都把劉秀視爲再生父母一般。

劉秀和王莽在昆陽大戰時，王莽被劉秀打得潰不成軍。當時正好是盛夏，劉秀率領手下連續作戰，已是人困馬乏。更重要的是，眾將士們乾渴得嗓子眼都要冒煙著火了，一個個都像驕陽下的嫩草一樣，蔫了。正當這時，劉秀的愛馬突然狂奔到一處窪地奮蹄刨地，竟刨出了泉水，這就是「馬跑泉」。

一次，劉秀被王莽攆到了泥台店。劉秀的愛馬因饑渴而臥倒在地上，怎麼也站不起來。劉秀到處找水，好不容易找到一口井，卻沒有打水的工具，這不是巧婦難爲無米之炊嗎？劉秀隨口嘟囔了一句：井啊井，你要是能歪倒多好，這樣我和馬兒就都能喝到水了。剛說完，那口井竟真的歪倒了，人和馬都趴到地上痛飲起來。

王莽大軍駐紮於村西，劉秀的大軍在村東天齊廟落腳。劉秀準備五更天動身出發，有密探將此事告知了王莽，王莽便通知手下在五更天繼續追殺劉秀。奇怪的是，到了五更時分，村東的雞叫了，劉秀趕緊起身趕路；而村西的雞卻一直到天大亮才叫，比村東晚了整整一個時辰。正因爲這一個時辰，劉秀才逃過了王莽的追殺。

有一次，劉秀被王莽打敗。慌亂中，劉秀跑到了一個叫泥店的村子裏。此時的劉秀饑渴難忍，勉強爬到一家茅庵，對屋主說明來意，屋主接待了他。可是屋主家窮，少飯無菜，就割了些野菜給他充饑。餓壞了的劉秀感覺菜很好吃，就問屋主是什麼菜，屋主不知道，劉秀就爲此菜起名爲「救菜」，後被後人改名爲「韭菜」。

劉秀行軍打仗很有一手。一次，義軍們在攻打昆陽城時，更始帝劉玄移都宛城。於是，劉秀就想了一個假報軍情的計策。他讓義軍們到處宣傳綠林軍已經拿下宛城的消息，然後又故意讓這則假情報落入王莽的軍隊手中。這一假情報讓王莽的軍隊一陣恐慌，頓時軍心大亂，形勢也變得有利於劉秀了。

劉秀能在昆陽之戰中取得勝利，是因爲王莽軍中的將領王邑的麻痹大意。劉秀挑選了三千名勇士組成了一個敢死隊，趁王邑軍營士兵還在夢鄉之際去偷襲。王邑軍隊由於睡意還沒有全消，匆忙迎戰，軍隊混亂不堪。綠林軍勢不可擋，如有天助，此時

正値電閃雷鳴，大雨傾盆，驚得王莽軍中的猛獸四處逃散。王邑見事情不妙，趕緊逃跑。

劉秀在起義中屢立戰功，野心也開始逐漸滋生了出來。劉秀聽說了劉演被殺的消息後，本想爲哥哥劉演報仇，可是很快頭腦又清醒了起來。王莽這個心頭之患還沒有除掉，如果現在出現窩裏鬥，必將給王莽可乘之機。況且，自己現在的實力還不能公開和劉玄對立，不能打草驚蛇。於是，劉秀就專程到宛城向劉玄謝罪，怪自己沒有好好勸誡劉演。自此，劉秀開始韜光養晦。

劉秀決定與更始帝劉玄正式決裂，是因爲聽了耿弇的意見。

一天，劉秀正在午休，耿弇突然來到劉秀的床前，說要和劉秀說悄悄話。耿弇給劉秀分析了當前的形勢，說更始帝雖然是皇帝，可手下的人並不服氣，貴戚們也是横行霸道，致使百姓們又思念起了王莽的新朝。而劉秀是人中之龍，且又深得民心，正是奪取天下的好時期。劉秀不住點頭，並依從了耿弇。

劉秀在攻打父城的時候抓到了一個俘虜，叫馮異。馮異作戰英勇，善用謀略，他駐守父城時，可沒少讓劉秀吃苦頭。可是，劉秀看中了馮異的才能，就把他收於麾下做了謀士。馮異看出了劉秀的野心，就奉勸劉秀當務之急是收取民心。這個建議果然讓劉秀非常受益。

更始帝劉玄的政權逐漸不受百姓待見，劉秀卻大受追捧。更始帝政權越來越搖晃，反叛事件逐漸增多。將領們本來就把劉玄當成傀儡皇帝，逐漸地也不怎麼聽從他的號令了，各地方的起義變得頻繁起來。天下越亂，劉秀心裏越高興，因為這正是他大展身手的好時機。很快，很多起義的農民軍都開始聽從劉秀的調遣。

劉秀的謀士馮異頗有計謀，沒動一兵一卒就收降了更始王朝的要員李軼。當時，馮異帶兵守黃河北岸，李軼鎮守孟津。馮異給李軼寫了一封信，信中客觀分析了當今形勢，勸李軼要「覺悟成敗，轉禍為福」。李軼是個很現實的人，他覺得馮異說的在理，就投降了。後來劉秀感覺李軼為人太奸詐，同時又記恨他曾害死自己的大哥，便使了一招反間計，借更始朝之人的手除掉了他。

劉秀不僅外表看起來很老實，本人做事也非常小心謹慎。第一次有人進言讓劉秀稱帝，劉秀不從；第二次也不從；到了第三次，他才說了可以認真考慮一下。相對來說，劉秀是比較相信謀士馮異的。劉秀先去詢問馮異各地的軍情，馮異卻壞壞地笑了，因為他懂劉秀的意思，並對劉秀說稱帝的時機已經成熟，劉秀這才放心地稱帝。

光武帝劉秀想定都洛陽，可那時洛陽還沒有拿下。洛陽由更始帝的手下朱鮪把守，朱鮪曾參與謀害劉秀的哥哥劉演，也陷害過劉秀。光武帝派人去勸降朱鮪，朱鮪

不敢投降，因爲他知道與劉秀的積怨很深。將士們將此事告知劉秀，劉秀豁達地說，只要朱鮪肯投降，他絕對不會再提以前的事情。朱鮪這才投降，劉秀還親自爲朱鮪解開了繩索。

更始帝劉玄是因爲式侯劉恭的忠心才沒有被赤眉軍殺害。劉玄雖已向赤眉軍請降，但赤眉軍還是不想放過他。式侯劉恭趕緊求情，但赤眉軍就是不批准。就在劉玄將要人頭落地時，劉恭又及時地出現了，並對劉玄說，我爲你求情沒有獲准，只有以死來表明我的忠心。眾人都被劉恭的舉動感動了，就赦免了劉玄。

劉盆子只是一個毛孩子，皇位是抓鬮得來的，擁有的政權也好不到哪裡去。對赤眉軍來說，這個傀儡皇帝只是一枚棋子。什麼時候沒有用了，就會被踢出局。劉盆子雖然身在長樂宮裏，是個皇帝的身分，可兵士們根本不把他放到眼裏，時常擅自搶奪上貢的東西，軍紀非常敗壞。

劉玄第一次僥倖沒有被赤眉軍殺死，後來赤眉軍又怕夜長夢多，最終還是把他害死了。赤眉軍名義上是正義之師，實際卻暴掠無道。因此老百姓又開始思念起劉玄來，想把被軟禁的劉玄救出來。赤眉軍一看情況不是很樂觀，就用繩子勒死了劉玄。劉恭本來是死保劉玄的，結果還是讓他死於非命，只好私藏了劉玄的屍體。後來，光武帝詔命鄧禹把劉玄葬於霸陵。

光武帝是個心理專家，料事如神。光武帝稱帝已經很久了，可關中還沒有搞定。他很著急，就責怪鄧禹再不行動，黃花菜就涼了。鄧禹有自己的想法，對光武帝的責備根本不理會，只派了一個使者向光武帝說明了一下情況。光武帝就問使者守城之人所親近的人是誰，使者回答完，光武帝就詭異地笑了，說關中必定起內訌。沒過多久，關中果然起了內訌，光武帝也借此機會收復了關中。

鄧禹經常自以爲是，他也爲此吃了不少虧。光武帝常勸鄧禹不要輕易與窮寇爭鋒，赤眉軍已經糧草將盡了，我軍只需以逸待勞就好。一次，赤眉軍假裝敗走，還把糧草也丟下了。其實那糧草是假的：下面是土，只在上面撒了一層糧食。鄧禹把光武帝的勸告當作耳旁風，身旁人勸諫也不聽，非去搶奪赤眉軍的糧食。結果赤眉軍又殺了回來，鄧禹大敗。

馮異不僅是一個謀士，還善於領兵打仗。一次，馮異與赤眉軍約好了會戰的日期，由於之前馮異敗了幾次，所以就決定這次要智取。馮異先是選了一部分人穿上與赤眉軍相同的衣服埋伏在路旁，然後再帶一部分士兵與赤眉軍交戰。赤眉軍以爲馮異勢弱，就驕傲大意。到了黃昏，馮異的伏兵突然襲擊赤眉軍，赤眉軍不知真假，就這樣在驚恐中被打敗了。

劉盆子本來就不想當皇帝，所以一見劉秀的大軍，他就投降了。光武帝親率六軍

去攻打赤眉軍的總部。赤眉軍哪裡見過這陣勢，趕緊派劉恭去請降。劉恭是劉盆子的哥哥，他也早就不想讓弟弟當赤眉軍的傀儡皇帝了。於是就向光武帝投降，希望光武帝能免他們不死。光武帝又怕他們不是真降，就說不如打一仗一決勝負，眾人趕緊叩頭說自己是真心歸降。

耿弇是個硬漢子。一次，耿弇率軍打仗，一支亂箭射中了他的大腿。耿弇怕影響軍心，就強忍著劇痛，直接用自己的佩刀截斷了箭杆，旁邊的人竟然都沒察覺。第二天，耿弇仍然帶軍打仗。耿弇總共平定了四十六個郡，難得的是，即使受傷，他也從沒有打過一次敗仗。

馬援和公孫述是同鄉，而且關係也不錯，但馬援卻沒有輔佐公孫述，而是投奔了劉秀。一次，馬援去見公孫述，公孫述卻擺起了皇帝的架子，而且排場極盡奢華；之後拜見劉秀時，劉秀不僅沒有天子的架子，而且還穿著便裝接見他。馬援心想，天下還沒穩定，公孫述的尾巴就翹上了天，一點也不懂得尊重有才幹的人；相反，劉秀為人謙和，又是惜才之人，這才是良主啊。就這樣，馬援投奔了劉秀，成了東漢的開國功臣之一。

隗囂當時算是割據一方的軍閥，他實力很強，所以公孫述和劉秀這兩方都想爭取他。而隗囂自己也拿不定主意，就派馬援前去打探情況。馬援回來後，說劉秀值得輔佐，隗囂便決定歸漢。爲了顯示自己歸順的誠意和決心，他還將長子送到了洛陽做人質。

竇融早聽說光武帝很得民心，一直想歸順他，可惜相隔太遠，無法聯絡。竇融想通過隗囂聯繫劉秀，可隗囂是個懷有二心的人，他怕早早地認定了君主，會對以後不利，就勸說竇融心急吃不了熱豆腐。竇融和群臣商議，群臣也是意見不一。最後，竇融還是自己做了主，投奔了劉秀。

隗囂原本一心想稱王，可是這股雄心卻被身邊的人潑了冷水。隗囂常常把自己比作周文王，總認爲自己是稱王稱霸的料。一次，他和將領們商量著稱王，立刻遭到了鄭興的反對。鄭興說，以前周文王擁有三分之二的天下仍然向商朝稱臣，你現在雖然很有威望，可是沒有很高的戰功和貴族的身分，貿然稱王會引來殺身之禍。隗囂只好打消了這個念頭。

隗囂雖然想投奔劉秀，但他又是個見風使舵的人。劉秀想讓隗囂攻打公孫述，借此來證明隗囂對自己是否誠心誠意。隗囂卻搪塞說目前不適宜攻打西蜀。劉秀此時已經看出隗囂是個懷有二心的人，因此對他開始冷淡。之後，劉秀又派隗囂的好朋友去勸說他，並許諾給他高官厚祿，但他仍舊搖擺不定。後來，隗囂聽說劉永、彭寵失敗了，他這才同意。

隗囂的長子雖然已經在光武帝的手下任官了，可隗囂並未下定決心歸漢。光武帝派來歙作爲使者去說服隗囂，隗囂不聽，來歙就打算上前刺殺他。誰知隗囂是個明眼人，起身去了內屋。隗囂的衛士見事情不妙，就要來殺來歙，來歙卻不緊不慢地拿著節杖走了。隗囂氣惱，想派人堵截來歙，旁邊的王元趕緊勸隗囂不可斬來使，以免以後引來禍患，來歙這才免於一死。

竇融本來是隗囂的手下，隗囂叛漢後，竇融就與他絕交了。竇融以前非常欽佩隗囂的高風亮節，因爲隗囂曾經在漢朝遭受危難的時候堅守節操，堅持效忠漢朝。現在隗囂突然叛漢，竇融十分痛心，就寫信勸說隗囂，但隗囂哪裡肯聽。竇融見隗囂實在是無可救藥，就決定和隗囂決裂，並聽從光武帝的指示討伐隗囂。之後，竇融又把隗囂授予他的將軍印信綬帶給扔了。

馬援和隗囂曾經是同事，他不忍心看到老朋友因叛漢而慘死，爲此，他到處活動。隗囂對光武帝總是三心二意，反覆無常，馬援希望儘量用和平的手段將隗囂招撫。光武帝先是讓馬援勸說隗囂身邊的幾位將領，包括羌族的首領，以此離間他們的關係。馬援又給隗囂手下的將領楊廣寫信，他在信中分析了各種利害關係，言辭情真意切。可是，這封信去了楊廣那裏就石沉大海了。

隗囂被漢軍圍困，眼看城馬上就要攻下來了，可隗囂卻在關鍵時刻被人救了。

光武帝早就囑託過吳漢，隗囂所在的城不容易拿下，不可逞強，最好是遣散一部分士兵。吳漢不聽，硬是仗著自己人多勢眾，不肯遣散士兵，直到後來彈盡糧絕，逃亡者很多。而此時隗囂的救兵突然到了，他們衝破了漢軍的陣勢，把隗囂給救走了。

光武帝御駕親征都沒有打敗隗囂，隗囂最終是自己憤恨而死的。隗囂叛漢後，做了公孫述的手下。光武帝親自率大軍討伐隗囂，雙方互有勝負，漢軍雖占了上風，但也損失不少。隗囂在光武帝的追討下，日子並不好過。在又病又餓的情況下，他只能吃發了黴的糧食，心中憤恨不已，不久便死了。

隗囂死後，他的少子隗純被立爲王。公孫述派趙匡、田弇去協助剛被立爲隗王的隗純；而光武帝則命討伐隗純。可是，馮異等人和隗純拼戰了一年，並殺死了趙匡、田弇等大將，卻仍沒有把隗純除掉。漢軍其他將領提議撤回休整一下再戰，可馮異不聽，仍要堅持。可惜的是，馮異沒多久就病死了。

隗純和他老爹隗囂一樣，也是一個「假投降派」。光武帝派人攻破了落門，隗純無奈，只好率眾將領們投降。誰知，隗純和他老爹一樣奸詐，他只是假意投降。當光武帝讓隗囂的後代前往京師以東時，隗純與賓客們趁機逃往北方少數民族地區。光武帝爲此大怒，派人把隗純殺了。

來歙是一位忠臣，臨死前還不忘給劉秀進忠言。蜀人見來歙率領大軍勢不可擋，

恐懼之下派刺客刺殺，將來歙刺成重傷。來歙知道自己的時間不多了，趕緊召來手下囑託後事，又寫信給劉秀。信中向光武帝進言誰可重用，誰不可重用，還不讓光武帝偏袒他的兄弟，要好好督查他們。寫完信後，來歙拔刀自殺。光武帝看罷信，也不顧及男兒有淚不輕彈了，一時流淚不止。

光武帝親征公孫述，公孫述被漢軍的氣勢嚇得差點尿褲子。公孫述看光武帝親自率領傾國之兵來了，趕緊緊密部署。可是，漢軍總是出奇制勝，打得蜀軍措手不及。一次，蜀軍只顧前面是不是有敵人，完全沒考慮自己的後面，等到岑彭率領漢軍繞到蜀軍的後面時，蜀軍恐慌極了。公孫述更是吃驚地說，怎麼這麼迅速，難不成他們會飛。

光武帝親征公孫述勢如破竹，公孫述連吃敗仗。光武帝感覺公孫述已經是苟延殘喘了，就寫信分析利弊，企圖招降公孫述。公孫述看完信只是搖頭嘆息，又把信給親信們傳看。公孫述的手下常少、張隆就勸他投降，他不聽，並說天子不能因爲國家危難而投降。最終，常少、張隆憂鬱而死。

岑彭是被暗殺的。光武帝認爲公孫述已經窮途末路了，便不再親征而班師回朝，只留下了岑彭。誰知，公孫述明裏打不過漢軍，就玩陰的。他派人假裝成逃亡的奴僕，向岑彭投降，岑彭信以爲真。可是，到了深更半夜，這名假扮的奴僕竟將岑彭刺死了。由於岑彭以前治軍有方，對蜀人很好，蜀人感激他，就爲他立了廟，歲時祭祀。

公孫述算得上是一塊硬骨頭。儘管公孫述連吃敗仗，將領們也都一個個戰死了，但他還是堅決不降。可是，畢竟人心隔肚皮，做到心齊不容易，公孫述的手下有很多人都叛離他了。爲此，公孫述非常殘忍地誅殺了很多叛離者的家屬，但仍然無法禁止人們的背叛。光武帝也是一個倔脾氣，非要公孫述投降，可又下詔書招降。公孫述就是鐵了心，不降。

公孫述實在沒有辦法打敗漢軍，就把自己儲存的金銀財寶拿了出來，用金錢當誘餌，組成了一支敢死隊。延岑假裝向吳漢挑戰，實際卻繞到了吳漢的背後突襲。沒有防備的吳漢被打入水中，後來不知怎麼抓了一條馬尾，這才爬上岸來。吳漢不敢戀戰，趕緊帶兵撤退。

公孫述是因重傷不治而亡的。不打敗吳漢，公孫述誓不甘休，於是他親自率兵作戰。雙方戰了很久，都已疲憊不堪。吳漢不想這樣耗下去，就派了數萬精銳之師進攻公孫述。他自己也在混亂中被漢軍的一個將領刺穿了胸口，只見血窟窿流血不止，很嚇人。公孫述趕緊撤退，當晚就西去了。

光武帝是個仁厚之君，什麼時候都怕失去民心。公孫述死後，延岑獻城投降。吳

漢進城誅滅了公孫述全族，又殺了延岑全族，之後又燒了公孫述的宮室，解除了掠奪禁令，讓兵士們縱火搶掠。光武帝知道後，悲痛不已，嚴厲譴責吳漢等人這樣做會失去民心，成都已經投降三天了，何必亂殺無辜呢？

在對待功臣方面，劉秀是做得最好的皇帝。將軍們握有兵權，能扶植一個人，照樣能推翻一個人，而劉秀對功臣的處理則做得很成功。劉秀雖然收回了功臣們的軍政大權，但他能從其他方面堵上功臣們的嘴，讓他們沒有理由埋怨：小過失要麼寬恕，要麼赦免；遠方朝貢的物品也常常給功臣列侯們送一些；經常告誡功臣們要自重自愛，莫要觸犯法律。

在功臣們當中，劉秀對老同學鄧禹非常照顧，主要是鄧禹本人很自重。鄧禹的爲人處世、品格修養都讓人無可挑剔。鄧禹家可謂是人丁興旺，他有十三個兒子。別看人家有那麼多孩子，卻是教養有方，每個人都有一技之長。鄧禹還制定了一些家法門規，以此來整頓門風。在經濟上，鄧禹只在自己的封邑上自給自足，絕不從事其他掙錢的門道。

在外戚問題上，劉秀明裏是打擊外戚賓客，實質上是敲山震虎。西漢時，外戚干政問題非常嚴重，因此光武帝在治理國家時非常注意。有一個叫馮衍的人，非常有才華，他曾向光武帝提過很多治國方面的建議，深得光武帝的賞識。後來，馮衍與外戚有來往，光武帝打擊外戚賓客時把馮衍也抓了。雖然後來釋放了，但也沒有再重用他。外戚們知道光武帝一直在抑制他們，因此都謙退以求自保，這是有史以來很罕見的現象。

光武帝很會用人，較之漢高祖有過之而無不及。光武帝治國的大法寶就是，無論做什麼事情都要深得民心。張堪曾是蜀都的太守。當年，漢軍攻破成都後，張堪把城中所查出來的珠寶全部上繳了朝廷，安撫新征服的地區時，也是深得民心。離任時，張堪只穿了一件粗布衣，乘坐的馬車還是斷了轅的。光武帝對此人加以重用，果然爲自己穩固了對佔領地區的統治。

光武帝禮賢下士、求賢若渴，他很尊崇儒士，希望能吸收更多的文人儒士們爲自己所用。於是，光武帝就派「星探」遍訪天下的隱士，並對他們以禮訪求。在當時，人們可以經常看到有徵求隱士的車輛在山林中穿梭。可是，願望是美好的，現實卻是殘酷的。有的隱士願意出山，而有的清高自傲，光武帝派去的人只能吃人家的閉門羹。

光武帝是他先祖漢高祖的「粉絲」，以自己是漢高祖的子孫爲榮。那年，在開國大典上，劉秀坐在皇帝的寶座上，莊重威嚴地向文武百官們宣布：我是漢高祖的第九

代子孫，我以他爲榮。所以，我的王朝仍然稱爲漢。後來，人們就把光武帝建立的王朝稱爲後漢，也叫東漢，因爲都城是在洛陽。

光武帝不僅是一個好皇帝，也是一個以身作則的好爸爸。光武帝把大部分時間與精力都花在了處理朝政上，還經常熬夜。太子劉莊很擔心老爸的身體，就勸他注意身體，要勞逸結合。光武帝從書桌上抬起頭，語重心長地對太子說，孩子，作爲皇帝就應該以國事爲重，以天下蒼生爲重，不可貪圖享樂與安逸。太子耳濡目染了老爸的舉動，自己即位後，也確實沒有讓老爸失望。

光武帝對選拔官吏要求很嚴，他要求自己任免的官吏們必須嚴守法規，勤於職守。他還經常親自考核官吏，絕對不允許有濫竽充數者。因此，光武帝選拔的官吏，基本上都是品學兼優的，絕對沒有「人渣」。光武帝是不允許一顆老鼠屎壞掉一鍋湯的情況出現的。就算有，那也是後來變壞的。只要是犯法的官吏，不管是近臣還是遠臣，光武帝都是嚴懲不貸。

嚴子陵是光武帝的老同學，爲了找到老同學，光武帝費盡了周折。劉秀當上皇帝後，很多同學都跑到他那裏敘舊，目的是想撈點好處，只有一個同學沒有來，此人正是嚴子陵。光武帝讓人拿著嚴子陵的畫像到處找他，不知道的人還以爲是在找通緝犯呢！光武帝找了很久才找到他，可他卻總是躲避。光武帝請了一次又一次，嚴子陵實在推諉不過，只好出山。

光武帝雖然把嚴子陵的身子請出了山，可他的心還在山水之間。嚴子陵到了京城後，天天睡大頭覺，什麼也不幹。一天，光武帝來了，嚴子陵還是躺在床上不起來。光武帝很尊重自己的老同學，不僅沒有責怪他，還親暱地摸著嚴子陵的肚子，並勸說他輔佐自己，可嚴子陵還是執意不從。

光武帝也是一個愛慕虛榮的人。一次，他讓人把嚴子陵請到皇宮裏敘舊。兩人聊得很高興，說的都是一些陳芝麻爛穀子的事情。光武帝突然問嚴子陵自己當皇帝後有沒有變化，此時的光武帝本來是希望老同學能誇他的氣質和威嚴變了。誰知嚴子陵卻說，陛下比以前胖了。光武帝聽後很失落，趕緊轉移話題。

嚴子陵差點被人誣陷而死。一次，光武帝和嚴子陵同睡了一張床。不過，他倆可不是「同志」，只是蓋被子純聊天，重溫了一下上學的時光。睡到半夜裏，嚴子陵翻了一個身，一隻腳放到了光武帝的肚子上，但光武帝並沒有在意。誰知此事讓與嚴子陵有嫌隙的侯霸知道了，侯霸第二天便讓觀天象的大臣報告說，有客星侵犯帝星的徵兆。光武帝大笑，就說了晚上的事情。

嚴子陵到死也沒有輔佐光武帝，光武帝對此很痛心。無論光武帝給嚴子陵多大的

官職，說的多麼情真意切，嚴子陵就是不肯接受。光武帝實在沒有辦法，只好放嚴子陵回去。嚴子陵回去以後，種種地，釣釣魚，過得逍遙自在。過了幾年，光武帝再次請他出山，可他還是不肯去。嚴子陵死時，享年八十歲。

Q 男人都會犯的錯

劉秀娶郭聖通是出於政治需要。當年，劉秀被更始帝劉玄派去收服河北。可是河北一帶的劉氏宗親對劉玄不感冒，他們擁立王郎爲帝把劉秀趕跑了。劉秀逃跑時非常狼狽。幸好有個劉氏宗親叫劉植的，是劉秀的忠實粉絲，並帶了人馬投奔劉秀，劉秀這才有了落腳之地。後來，劉秀準備征討王郎，可真定恭王劉揚有十萬人馬，之前已經歸附了王郎，形勢對劉秀很不利。但在劉植的遊說下，劉揚終於決定歸順劉秀，加上劉秀後來又娶了他的外甥女郭聖通，劉揚自此真正爲劉秀所用，劉秀也借劉揚的勢力平定了河北。

劉秀本來對初戀情人加髮妻的陰麗華很鍾情，此時突然來了一個第三者郭聖通，劉秀的感情世界便亂了。劉秀明明已經有髮妻陰麗華了，可劉揚這個老東西，卻用淫威逼迫劉秀娶他的外甥女郭聖通。後來，劉秀發現，憑著家世、美貌以及陪嫁而來的軍隊，郭聖通的綜合評分比陰麗華高多了，劉秀的心此時也發生了偏移。

皇后郭聖通的老爹是個普通人，只不過她的老媽很有來頭。郭聖通的老爹郭昌只是真定郡政府的一個小吏。郭昌官職不高，但是他品行不錯，曾經心甘情願地將數百萬家產讓給自己的異母弟弟。郭昌的這一舉動，倒成了使他出名的活廣告。很快，郭昌被真定恭王劉普相中，成了劉普的女婿、劉揚的妹夫。劉郡主後來為郭昌生下了兒子郭況、女兒郭聖通。

劉秀當上皇帝不久，他的媒人、郭聖通的舅舅劉揚就謀反了。劉秀和郭聖通的婚姻純屬政治聯姻，真定恭王劉揚對這場婚姻本來就不安好心，當他看見外甥女婿劉秀打下江山後，心裏妒忌得要命。劉秀的江山應有他的一半。在這種心理的驅使下，劉揚開始密謀造反，這是劉秀怎麼也想不到的。但劉揚並未成功，最終因謀反罪而被誅殺。

郭聖通與陰麗華誰做正室、誰做小妾，還真讓劉秀非常為難。劉揚叛變被殺後，劉秀總算有了封陰麗華為皇后的理由。可陰麗華卻拒絕了，原因是她沒有給劉秀生下一兒半女，而郭聖通卻為劉秀生下了劉疆。若封陰麗華為后，實難服眾人。郭聖通就這樣幸運地登上了皇后寶座。

郭聖通等級在陰麗華之上，光武帝的心裏總是覺得有疙瘩。郭聖通的皇后之位本是自己的髮妻讓給她的，可她卻天天把頭仰上了天。尤其是在封后那一天，劉秀和身著盛裝的郭聖通回內宮後，陰麗華需要按照妾室的禮儀，向光武帝和皇后行三跪九叩的大禮。對此，劉秀心裏很不舒服。

郭皇后在劉秀心中的分量終究敵不過陰麗華，劉秀對郭氏也越來越冷淡。要知道，郭皇后出身高貴，不懂得壓抑自謙，難以接受劉秀的冷淡對待。因此，之後只要見到劉秀，總是抱怨不斷。終於，劉秀無法再忍受她的怨憤，加上心裏本就偏向陰麗華，便將郭皇后廢爲中山王太后。

光武帝很會玩打一棒子再給一個甜棗的伎倆。郭聖通被廢後，郭聖通的弟弟郭況反而得到了比當初姐姐爲皇后時更多的封地，還成了陽安侯；兒子郭璜還在陰麗華的安排下，迎娶了淯陽公主劉禮劉，成了駙馬；郭聖通的堂哥郭竟，被封爲新郪侯；堂弟郭匡被封爲發乾侯；郭聖通的叔父郭梁早死，沒有孩子，劉秀就封了郭梁的女婿陳茂做南侯。

光武帝對後宮事情的處理實在讓人費解。劉秀廢掉了郭聖通，卻沒有把她打入冷宮，這是前所未有的事情。況且，他又將郭聖通的皇后封號貶爲「中山太后」。「太后」一般是皇帝死了之後，后妃才能得到的封號。可是，劉秀還活著呢，郭聖通怎麼能稱「中山太后」呢？劉秀可真是一個特別的皇帝。

劉疆的太子之位是他主動讓出來的。郭聖通被廢後，雖然太子還是他，但這個位子只會讓他惶恐不安。後來，劉疆就在近臣的勸說下向劉秀上書，說自己要把太子之位讓出來。開始劉秀沒有允許，過了幾年，見劉疆仍然很堅決地表示不願意做太子，只好答應，改封劉疆爲東海王，而原來的東海王劉莊則成了新任太子。

劉秀和陰麗華都是很重感情的人，他們兩個人對廢后郭聖通娘家人越好，郭聖通就越感覺自己以前做的錯事太多，心裏就越愧疚。身體本來就不好的她，在心情的影響下，也變得越來越差。後來，劉秀又擴大了廢太子劉疆的疆域。郭聖通見劉秀如此厚待自己的兒子，就微笑著離開了人世。

臥虎藏龍出人才

有個叫董宣的官吏，因爲執法嚴明，差點掉了腦袋。董宣曾找過一個叫公孫丹的人做助手，後來公孫丹殺了人，董宣就把公孫丹殺了。公孫丹的家族在當地是一霸，全家族三十多口人齊上陣爲公孫丹喊冤。董宣深知公孫丹跟過王莽，很有可能和海賊勾結，查明了這一夥人的罪行後，就把他們都殺了。可董宣的上司說他濫殺無辜，要砍他的頭。正要砍他的腦袋時，光武帝派來的使者及時趕到，救了他一命。

董宣當官有政績，治理盜賊更是有絕招。江夏一帶出現了一個叫夏喜的大盜賊，堪稱地方一害。光武帝知道董宣對付盜賊有絕招，就派他去治理。董宣上任後只寫了一紙公文，說朝廷都知道我善於抓盜賊，所以派我來修理你們。我現在把兵也帶來了，告示也發下去了，你們自己看著辦吧！這一招還真靈，夏喜很快就解散了手下，投降了官府。

董宣曾多次因得罪人而差點丟掉烏紗帽，可他從沒有向惡勢力認輸過。光武帝的姐姐湖陽公主的奴僕仗勢殺人，被湖陽公主包庇。董宣趁湖陽公主出行時攔住了她的車，擒獲並殺了奴僕。公主很生氣，就向光武帝告狀。光武帝爲了給姐姐挽回點面子，就讓董宣給公主叩頭認錯。但董宣拒不低頭，光武帝令人強按也不能使其俯首。光武帝很是欣賞他的剛正不阿，還賞了他三十萬錢。

光武帝是在董宣死後，才知道董宣的廉潔非一般官員可比。董宣任洛陽令五年，他敢於懲治不法的豪強，豪強們還給他取了一個綽號叫「臥虎」。董宣死後，光武帝派人去弔唁。派去的人發現董宣的屍體僅用布被子蓋著，沒有僕人，只有妻兒在哭，家裏值錢的只有一些大麥和一輛破車。光武帝聽說後，非常感動，下令以大夫的禮節厚葬他。

光武帝是一個理財高手。他感覺郡國太多了，就下詔合併了一些郡國，這一合併爲行政開支省了億萬錢。爲了激發地方官吏的積極性，他還下詔上調官員們的工資。當然，光武帝是不會讓自己吃虧的，他只是增加了六百石以下的官員們的工資。

光武帝自己就曾是一個莊稼漢，自然知道農民的辛苦，所以特別善於解決農民問題。他經歷過王莽的殘暴統治，知道農民種地非常艱難，因此下詔廢除了王莽實行的亂七八糟的法令，並頒佈了自己的輕徭薄賦政策。施行後，百姓們一片歡騰。

光武帝深知，從西漢中期以來，很多平民無以爲生，大都淪爲奴婢，從而形成了影響社會穩定的隱患。針對這個問題，光武帝曾經連續六次下詔釋放奴婢。而且他想得非常周到，釋放的主要是那些在王莽時期就淪爲奴婢的人。後來，光武帝還下詔禁止隨意殺死、傷害和虐待奴婢。

光武帝實行了一次人口普查和丈量田地，誰知竟然引起了暴亂。土地是百姓生存的根本，可從西漢中期以來，豪強們就不斷兼併土地，並隱瞞不報，因爲這樣可以少交一些稅。爲了抑制豪強的勢力，光武帝決定實行人口普查和「度田」政策。這直接威脅到了豪強地主們的利益，引起了他們的不滿，各地紛紛發生叛亂。光武帝迫於無奈，只得取消「度田」。

致使地方豪強地主買賣與兼併土地的罪魁禍首其實就是光武帝。光武帝劉秀原屬

西漢宗室，本就是豪強地主，只不過他祖上的人不會持家理財，後來沒落了。劉秀稱帝後，對那些爲東漢建立出過力的人們都給予優待政策，在經濟上保護他們的利益。後來，這些豪強地主們漸漸無法無天起來，而皇親國戚們也開始效仿他們，慢慢就形成了尾大不掉之勢。

Q 馬革裹屍的典故

光武帝的大將馬援是放牧出身。馬援能成爲大將，離不開哥哥馬況的鼓勵。馬援十二歲時，雙親就死了，是長兄撫養他長大的。傳說馬援的祖先是秦國的大將趙奢，他的後代姓馬是因爲曾被封爲「馬服君」，後來就以馬爲姓了。馬援的哥哥馬況希望弟弟能夠光耀門楣，所以非常支持弟弟上學，還常說馬援是大器晚成。後來，馬援果然當了大將軍。

馬援不僅是一個常勝將軍，在爲官上也頗有政績。有一年，越南北部發生了征側、征貳姐妹叛亂。光武帝派馬援前去平定。馬援很快就打敗了征側兩姐妹。劉秀聽說後，立即封馬援爲新息侯。之後，馬援爲斬草除根，又剿滅了征側兩姐妹的餘黨。在征討的過程中，馬援還帶領當地百姓一起修建城牆、興建水利、發展農業生產，深得當地百姓擁戴。

「馬革裹屍」一詞就出自大將軍馬援之口。由於馬援屢立戰功，在和同事們一起上朝參拜光武帝的時候，馬援僅居九卿之後。朝中的同事們爲了保住自己的官位，常常巴結馬援。一次，馬援打了勝仗歸來，親友們都來向他祝賀。其中一個叫孟冀的，也說了幾句恭維話。馬援對此很不以爲然，拍著胸脯說：

「習武之人就應該上戰場當英雄，戰死了就用馬革裹著屍體回去。」

馬援在花甲之年仍請戰出征，結果病死在了戰場上。這一年，馬援六十二歲。少數民族五溪蠻叛亂，馬援向劉秀請戰。劉秀擔心他年事已高，可是他很會逞能，還專門利索地上馬表演給劉秀看，劉秀見此，就同意了。誰知，馬援帶兵到了五溪蠻，水土不服，染上了怪病。後來，他又拖著病體指揮戰鬥，可惜兵敗了，自己也病死了。

馬援戎馬一生，立了無數戰功，可在他死後，朝堂上下對他卻是褒貶不一。馬援以前得罪過駙馬，駙馬就在光武帝面前說馬援的壞話，再加上朝臣們的落井下石，光武帝信以爲真，就拿掉了馬援的爵位。後來，馬援的家人多次申訴，馬援的好朋友朱勃也向光武帝上書，爲馬援喊冤，光武帝這才恍然大悟，但沒有立即恢復馬援的爵位。直到劉秀的孫子章帝時，馬援才被進諡爲忠成侯。

＊微歷史大事記＊

西元前五年　劉秀出生於西漢濟陽縣。

西元廿三年　西漢宗室劉玄被綠林軍的主要將領擁立為帝，建元「更始」，劉玄就是歷史上的更始帝。劉秀受封為太常偏將軍。

西元廿三年　劉秀和王莽大戰於昆陽，莽軍大敗。

西元廿三年　劉玄讓劉秀以破虜將軍行大司馬事的身分去河北招撫，劉秀此次等於虎出牢籠、蛟龍入海。

西元廿五年　劉秀建國仍然使用「漢」的國號，史稱東漢，劉秀就是漢世祖光武皇帝。同年，漢宗室梁王劉立之子劉永稱帝。

西元廿七年　光武帝親率劉軍征討赤眉軍，劉盆子降漢。

西元三十年　江淮、山東地區全部平定。

西元三十一年　光武帝劉秀下詔廢除了一些地方軍隊，以利於集中軍權。

西元三十六年　光武帝劉秀統一全國。

西元三十七年　吳漢平定西蜀。

西元五十七年　光武帝劉秀駕崩。

第十二章 中興明君漢明帝

讓人另眼相看的皇帝

劉莊小時候非常聰明，深受劉秀的喜愛。劉秀經常在人前人後誇獎劉莊，還說他額頭飽滿，下巴又長得方圓，是福相；而當時的太子劉疆卻非常老實。所以說，劉秀寵愛劉莊並不只是因爲他是陰麗華所生。

在郭氏和陰麗華之間，劉秀更偏愛陰麗華。但那時陰麗華還沒有生育，考慮到傳宗接代的責任，建武二年，劉秀立了郭氏爲皇后，陰麗華爲貴人。天下還沒有平定時，劉秀率軍征討彭寵，陰麗華隨軍遠征。在行軍途中，陰麗華懷孕了，之後生下了一個男孩，就是後來的漢明帝劉莊，當時起名叫劉陽。劉陽因爲是陰麗華所生，所以

得到了劉秀的寵愛。

漢明帝劉莊排行第四。他小的時候喜歡詩書，理解能力很強，十歲就已通曉《春秋》，劉秀非常喜歡他。一次，劉秀重新檢查田畝數，見陳留吏在奏章中標有幾處地方不能問，便問陳留吏，說不知道。這時，十二歲的劉莊說：「皇上老家是河南，出生地是南陽，這兩處一定超過了規定。」事實證明了他說的話，劉秀也不得不對這個兒子另眼相看。

郭后由於失寵，心有怨恨，經常諷刺陰麗華和劉秀，這促使劉秀產生了廢后的念頭。建武十七年，劉秀廢黜了郭皇后，立陰麗華爲皇后。太子劉疆覺得大勢已去，請求讓位。建武十九年，劉秀封劉疆爲東海王，立原東海王劉陽爲太子，並改名爲莊。這年，劉莊十六歲。建武中元二年，劉秀去世，劉莊正式即帝位，爲明帝，時年三十歲。

明帝即位不久，羌人因爲不滿當地官員的腐敗和傾軋，起兵反叛。叛軍入侵隴西郡，大軍一路氣勢如虹，在允街縣一戰中，漢軍不敵，不到一天就全軍敗退了，城池也被敵人的軍隊給奪走了。之後，明帝又派竇固、馬武討伐羌人。次年，羌人大敗，悉數投降或逃散。

在瞭解了羌人反叛的原因之後，漢明帝便下令暗訪當前社會狀況，並頒佈詔令，命有關部門順應農時節氣，使百姓不再受到困擾。他知道當時有許多弄虛作假的現象，有的人會趁徵發百姓服役的機會，欺詐百姓，使勞役不平均，百姓受了欺負也沒有地方伸冤。因此，劉莊還命人要將事情查明並上報，若上報不屬實則會被治罪。

明帝即位後，事必躬親。一天，明帝賜給西域使者十匹絲綢，負責登記的尚書郎誤寫成了百匹，並將記錄轉交了給大司農入賬。明帝查看發現錯處後大怒，急召尚書郎重新進殿，要當場施以重罰。尚書台的長官鍾離意知道後，急忙進殿爲他求情，明帝的怒氣這才漸漸平息下去。在明帝的躬親政務和嚴格督責之下，朝中綱紀整肅、吏制謹嚴、效率很高。

劉莊的弟弟劉荊雖與他是同母兄弟，但並不齊心。光武帝死後，他派人冒充劉疆的舅舅郭況寫信給劉疆，慫恿他造反稱帝。劉疆老實，將信呈給了明帝。明帝念及他是自己的同胞兄弟，不忍追責，便把此事壓了下來。之後，劉荊又勾結星相術士，企圖造反，他還問算命的人說：「我長得像先帝，先帝三十歲時得天下，我現在也三十歲了，能造反嗎？」最終事情敗露之後，劉荊畏罪自殺。

劉疆病重時，劉莊派太醫前去爲他看病，劉疆知道後非常感動，在臨死之前，還上書對劉莊表示感謝。當劉莊收到劉疆寫給他的信時，悲慟大哭，感動得無法形容。

劉莊在繼太子位之前，還發生了一件讓人難以理解的事：劉莊以前叫劉陽，爲什

麼之後要改名叫劉莊呢？歷史上對此眾說紛紜，其中有一種說法最爲盛行：據說劉陽改名爲劉莊，是想改變自己的身分。劉陽是陰麗華還是妃的時候生的，他覺得「陽」是鮮明的意思，而「莊」更有威嚴，更適合皇帝的身分。於是，劉陽便向劉秀和陰麗華要求將名字改爲劉莊。

明帝除了打擊宗室貴族外，還限制外戚權臣，他按劉秀的旨意在雲台畫了二十八將，但卻沒有畫他的岳父，這是他向大臣表示自己要掌控外戚。他在位期間，他的三位國舅的職位都沒有超過九卿。他還聲明，后妃家族裏只有一個人能夠升爲校尉。館陶公主想給自己的兒子求個郎官，明帝寧可給外甥一千萬錢，也不答應。

劉莊在位時，與先帝一樣非常倚重和照顧外戚，尤其是他的兩個舅父，即陰鄉侯陰識和關內侯陰興。他們倆都是忠貞正直的人，在朝野上下口碑都非常好，賢德之名四海仰望。而且，他們也在劉秀奪取天下的時候立下了赫赫戰功。

陰就也是明帝的舅父。他善於言談，但性情剛烈高傲，且志大才疏，名聲遠不如他的兩個哥哥。陰就繼承了其父的爵位，後改爲新陽侯。後來，陰就的兒子陰豐娶酈邑公主爲妻，成了駙馬。

自從和酈邑公主結婚後，陰豐終於明白了「駙馬」這個詞的真正意思。駙馬駙馬，就是夫人的馬，任夫人騎來打去。陰豐時常夜不歸宿，酈邑公主只能獨守空房。其實酈邑公主並沒有什麼心機，只是眼見陰豐日漸放肆、放蕩不堪、無所作爲，有種恨鐵不成鋼的感覺。

酈邑公主嫁給陰豐後，還是爭吵不斷。他們之間本就是一場政治婚姻，所以酈邑公主對陰豐根本談不上有什麼感情。再說公主又是個嬌縱成性的人，要知道，她可是劉秀與陰麗華最疼愛的小女兒，自小被視爲掌上明珠。在這種情況下，酈邑公主如何能與陰豐和平相處？更何況到了陰豐的府上，不僅沒有得到陰豐的寵愛，反而還要忍受陰豐的花心。

陰就曾不止一次地就他們夫妻的事訓斥陰豐，但陰豐都當成耳旁風。後來陰豐又與公主吵架，一時激憤，便將公主給殺了。陰就知道後，大驚失色。當他看到公主倒在血泊中時，嚇得兩腿發軟，昏了過去。等他醒來後，便將陰豐和他的母親連自己一起捆了起來，去向明帝請罪。

酈邑公主的死讓陰麗華和劉莊都感覺顏面盡失，尤其對於陰麗華而言，更是雙重打擊：一個是自己的侄子，一個是自己心愛的女兒。劉莊爲了給妹妹報仇，同時也爲了給皇家立威，將陰豐斬首，陰就與妻子自殺身亡。同時，陰氏族人也遭受到了池魚之殃。

陰氏一門在頃刻間轟然倒塌，陰麗華在傷心之下身體也越來越不好，劉莊便派馬氏，即馬明德來照顧陰麗華。馬氏自入宮以來，賢妻良母的形象深入人心，劉莊對她非常滿意，甚至想冊封她爲皇后，但有兩個困難：一是馬氏的父親馬援的案子尚未平反；二是冊立皇后必須經過太后陰麗華的同意，但陰麗華身體不好，劉莊不便開口。

馬氏和酈邑公主同是皇室貴冑，同是女人，卻一損一榮，相差如此之大，原因在哪裡呢？一方面是因爲陰豐與劉莊不同；另一方面是馬氏在德上更具有優勢。她在面臨變故的時候，仍然不改自己高潔之德，最終贏得了皇上和太后的恩寵；而酈邑公主不但沒有使丈夫浪子回頭，反而因驕縱把自己搞得香消玉殞。

劉莊做了皇帝之後，對農業非常重視，他甚至親自測天象，親自下田耕種。雖然只是象徵性的活動，而且只有兩次，但對於一個皇帝來說，已經非常難得了。劉莊也借此機會表明了自己對農業的重視和發展農業的決心。

明帝執政期間，幾次下旨減輕刑罰、減少賦稅，還讓官員扶持農桑、防治害蟲，並且讓貧民種植公田。正是這些舉動，使當時的農業呈現出一片繁榮的景象。此外，明帝還命水利專家王景和王吳帶大軍修建黃河，在黃河東到千乘海口近五百里的河面每隔十里建一道水門，使農民可以順利進行農業生產。

明帝宣導官員以簡樸爲美，皇宮生活也非常節儉。那個時候，皇后穿的是素服，侍者穿的是帛布，從不佩戴香薰類飾品。由於皇室的大力提倡和良好的帶頭作用，簡樸之風很快便盛行全國。

明帝從小就開始學習儒學典籍，登基後，他依舊刻苦努力地學習，並且大力推舉儒學，宣導人們尊崇孔子，研讀經書。他還幾次和太子、大臣、儒士聚在一起討論研究儒學的典型要義，有時還會親自做一些演說。

楚王劉英是劉秀的妻子許美人所生，但由於許美人不受寵，所以劉英得到的領地比其他皇子要少得多，是皇子中最沒有地位的一個。劉莊被立爲太子後，劉英找機會接近他，希望能對以後有所助益。劉莊對他也不錯，即位後，經常賞賜他一些財物，看得出並沒有把他當外人。

劉秀去世後，陰麗華按國家制度，將許美人送到了楚國，並封她爲楚國太后，與兒子劉英一起生活。自此以後，皇宮專賜楚王的財物更是層出不窮。除了錢財，劉英還得到了特別的恩遇：他的大舅子毫無功勞，卻被加封爲龍舒侯。這是給相對弱勢的庶出皇子劉英提高身分的特殊舉措。

劉英起初喜歡道教，後來佛教傳入中國，他又開始信奉佛教，一副與世無爭的樣子。明帝大赦天下時，說有死罪的人可以用縑來贖罪。劉英很擔心明帝是不是把他謫

經念佛當成了罪過，於是帶著東西到大司徒那裏說明來意。劉英的意思是想試探一下劉莊對自己信佛有什麼看法。劉莊聽後，覺得信佛是好事，也大力地宣揚。

劉英年輕的時候就喜歡交朋友，如今得到了明帝的肯定，更是放下心來，四處拜訪名士，授予官爵，還造了一個金龜、一個玉鶴。本來只是兩樣吉祥長壽的東西，但卻犯了朝廷的忌諱，被人以謀逆罪告發。明帝馬上派人去調查，發現確有此事，本要誅九族，但明帝念兄弟之情沒有殺他，只免去官職，流放外地。沒多久，劉英就自殺身亡了。

樊鯈的弟弟樊鮪爲自己的兒子向劉英的女兒求婚。樊鯈知道後勸他說：「建武年間，咱們家無比顯貴，那時只要父親一句話，兒子可以娶公主，女兒可以配親王。只是父親怕顯貴過度會招來禍患，所以不做這樣的事。」但樊鮪沒有聽他哥哥的話。劉英謀反的時候，樊鯈已經去世，明帝看在樊鯈爲人嚴謹的份上，就沒有治樊鮪兒子的罪。

爲了調查劉英謀逆一事，明帝把他招攬來的一些名士都抓來審問，大部分人都被打死了，只有陸續等人儘管被打到肌肉潰爛，也不肯改口供。陸續被打時神色從未改變過，然而母親來探望他時，他卻哭得不能自已。審案官問爲什麼，他說：「母親來看我，但母子卻不能相見。」審案官問：「你怎麼知道她來了？」陸續說：「我看到這飯菜，就肯定是她來了。」明帝知道後就赦免了他們，但終身不能入仕。

審理楚王劉英的案件時，顏忠、王平的供詞涉及到了隧鄉侯耿建等人，但耿建卻說根本沒見過顏忠、王平。明帝很憤怒，審案官怕被殺，也不敢為無辜受牽連的人求情。寒朗看出端倪上報明帝。明帝問他剛才怎麼沒說，寒朗說以為會有人說。明帝很生氣，打算拷打寒朗，寒朗又說：「很多人不敢說，是因為不想違背陛下的意思，我今天說出來死而無憾。」明帝怒氣頓消，之後還下令赦免了一千多人。

汝南人袁安任楚郡太守。剛到達楚郡之後，就先去調查了楚王之案，登記上報，並打算把證據不足的罪犯放出來。郡府的大小官員都不同意，覺得叛逆者的同黨依法同罪，不能釋放。袁安卻說：「如果這樣做違背了朝廷，責任由我一個人承擔，不會連累你們的。」這時明帝已經醒悟，批准了袁安的奏書，四百多家被無罪釋放。

超級名將——班超

班超，字仲升，扶風平陵人。班超從小就胸懷大志、不拘小節，並且很能吃苦。西元六十二年，班超和母親跟隨哥哥來到了洛陽。因家庭條件不好，班超靠為官府抄寫文書來養家糊口。一天他扔下筆說：「大丈夫胸有大志，怎麼能勞頓於筆硯之

間？」後來有一位相面的，對班超說：「很多人只能做布衣儒生，而你卻能封侯萬里之外。」這更增加了班超立功外域的決心。

西元七十三年，竇固與匈奴作戰，任班超爲代理司馬，結果大勝尹吾於蒲類海。自王莽稱帝後，漢朝與匈奴的關係日益惡化，對西域的統治也隨之瓦解。明帝知道單純的進攻只能擊敗匈奴，但控制不了西域的廣大地區，想在這裏建立自己的統治，只能採取懷柔的手段。在這種背景下，班超奉命出使西域。

班超到達鄯善時，受到了鄯善王的友好招待，但後來匈奴使節的到來，使鄯善對他們的態度發生了明顯的轉變。班超和他的手下商量說：「我們才來幾天，鄯善人對我們就不熱情了，要是他們把我們押送到匈奴，到時連性命都保不住。」商議之下，他們決定先下手爲強。班超帶人火燒敵營，將匈奴人全部殺死，之後帶著匈奴使者的首級去見鄯善王。鄯善王十分驚恐，在班超的勸說下，表示願意歸順漢朝。

處理完鄯善國的事情之後，班超又出使于闐。到達于闐後，于闐王廣德對他十分冷淡。于闐迷信巫術，還有巫師聲稱，要拿班超的馬做祭品。班超知道其中的詭計，便答應了他們的要求，但要讓巫師親自來取。巫師一來，班超就砍了他的頭，交給了廣德並嚴厲地批評了他。廣德聽說過他在鄯善斬殺匈奴人的事，非常害怕，立刻下令殺了匈奴的使節，歸順了漢朝。

龜茲靠匈奴的勢力控制了西域北道，殺了疏勒王，讓龜茲人當了新王。西元七十四年，班超在離兜題住所九十多里的地方紮營，後令隨從田慮前去招降，並吩咐如果不從就將他逮捕。田慮到達後，兜題見他勢單力薄，根本沒有投降的意思。田慮在他沒有防備的情況下逮捕了他。班超到達後，立前疏勒王的侄子爲新王。疏勒人大悅，自此歸附漢朝。爲了讓龜茲知道漢朝的恩威，班超放走了兜題。

漢明帝收到西北戰報，說竇固所領大軍在西北戰場大勝。消息傳出，舉國歡騰。劉莊心裏竊喜，以爲自己必定會成爲明君，受萬世所景仰。當晚，劉莊召班固入朝覲見。此時，班固正在全力寫漢書，劉莊召他入朝，就是希望班固能夠爲此次功業，寫上濃墨重彩的一筆。

龜茲、姑墨多次攻打疏勒，班超與疏勒王忠據守盤槖城，構成首尾之勢。當時陳睦被殺，章帝怕班超勢單力薄，便召他回京。疏勒上下一片恐慌，將領黎弇因怕被龜茲所滅而自盡。路過于闐時，于闐人民也抱著班超的馬腿不讓他走。班超也想實現自己的願望，便又折回了疏勒。最後，班超殺了叛亂者，打敗了尉頭，疏勒再次安定了下來。

西元七十七年，章帝令在伊吾屯田的士兵全部撤回，讓班超留在于闐，以安撫各國。當時天山北道被匈奴控制，南道雖然屬於漢朝，但匈奴截斷了南道通往中原的

路，還有一個莎車橫在南道的于闐和疏勒之間。匈奴在塔里木盆地已有明顯的優勢，但最終班超還是借南道諸國的人力物力，消滅了匈奴的勢力，從而徹底地控制了塔里木盆地。

西元七十八年，班超聯合疏勒、康居、于闐、拘彌的兵力奪取了姑墨國石城。姑墨國受龜茲的管轄，是匈奴的一個據點，地點靠近南道的疏勒。姑墨的滅亡徹底解除了匈奴對南道諸國的威脅。

＊微歷史大事記＊

西元廿八年　劉莊出生，初名劉陽，封東海王。
西元四十三年　劉莊被封為太子，並改名莊。
西元五十七年　劉莊即位，是為漢明帝。
西元五十八年　其子漢章帝出生。
西元六十二年　下詔諸竇為郎吏者皆攜家屬歸故郡。
西元六十九年　劉莊命著名的水利工程專家王景、王吳負責治理黃河。
西元七十三年　劉莊下令由南匈奴及烏桓、鮮卑等少數民族組成的騎兵部隊，出塞北征，揭開了東漢政府同北匈奴戰爭的序幕。
西元七十五年　劉莊病死。

第十三章 母儀天下馬明德

東漢王朝第一貴婦

西元七十五年，漢明帝駕崩，章帝繼位。

明帝去世後，馬明德成了左右時局的關鍵人物。無論她有多麼傷心，她都必須笑對即將到來的風雲變幻，因爲不只是劉莊的亡靈在天上看著她，全天下的百姓和整個朝堂的文武百官也都在關注著她。如今她只能將劉莊暴死的事情封鎖，才能避免天下浮動。

馬皇后自己編撰了《顯宗起居注》，並把其中有關哥哥馬防侍奉明帝治病的事情給刪去了。章帝請求說：「舅舅侍奉父皇，沒有功勞也有苦勞，這樣做不太合適

吧！」馬皇后回答說：「我只是不想讓後世知道你父皇親近外戚。」馬皇后的這一行爲，對漢章帝統治有一定的積極作用。

馬明德是伏波將軍馬援的女兒，出生在陝西興平。馬援去世後，他的兒子因爲太想念父親，沒過多久就病死了，而馬援的妻子又因太想念兒子而變得神志不清。此時，馬明德才十歲，就挑起了家中的重擔。她像大人一樣指導家僕做事，處理大事小事，受到了很多人的稱讚。

馬明德小時候曾經生過一場病，久治不癒，她的母親藺夫人非常擔心，便請了算命者來占卜。算命者答覆說：「這個女孩子，雖然滿面病容，但是仍然掩飾不住她的富貴之氣，她未來一定會大富大貴。」藺夫人聽了這話半信半疑，又召了幾個相士給所有的女兒看相。看過其她姐妹之後，相士一言不發，但看到馬明德後卻大驚失色說：

「我日後一定要向這個小姑娘論道稱臣，但是她雖然極貴卻難以生育，不過她能收養別人的孩子，而且這個孩子會比親生的還要貼心。」

京都世族大家見馬家失勢，紛紛欺負馬家孤兒寡母，馬援的侄子馬嚴爲此氣憤不已。當時太子劉莊和各皇子都還沒立正妃，而馬氏三姐妹的年齡也都符合選妃的標準，馬嚴便希望堂妹們能成爲諸王姬妾，既能光耀門楣，她們自己也能得個好出路。

在任何人看來，馬援已是人死燈滅兼失寵，皇帝還能給他的女兒什麼好臉色看？最多就是把她打發給一個閒散皇子做姬妾；再客氣一點，就皇帝自己要了。當時誰也沒想到劉秀會讓馬明德入太子宮。更讓人意外的是，馬明德一入太子宮，就得到了陰麗華的格外照顧，也得到了未來皇帝劉莊的寵愛。

漢家皇室好像有熱愛妻子留長髮的遺傳，馬明德也不例外。她的長髮不但烏黑光亮，還很濃密豐厚。當時的女子都要盤髮髻，尋常女子的頭髮，往往是盤一兩個髻子就要加入假髮；而馬明德卻能夠以自己天然的黑髮盤出四個大髻，而且四髻盤完，頭上已經沒有了空餘的位置，而她的頭髮卻還大大有餘，足夠圍著這四個髮髻再繞上三圈。

馬明德進宮好幾年都沒有爲太子生下一個孩子，這正應了那位相士的話。劉莊憂心，馬明德也焦慮，她知道如果太子沒有子嗣，會影響到社稷的安危。馬明德只好讓宮中的侍女給劉莊侍寢，希望她們能爲太子生下龍種。而且她對這些有可能給太子生下子嗣的人非常好，經常噓寒問暖，照顧得非常周到。

劉莊登基後，馬明德被封爲「貴人」，地位只在皇后之下。朝中大臣爲了成爲皇室親戚，都想讓自己的女兒入宮，在這些新入宮的女子中，有一位賈氏。算起來，她

的母親是馬援元配妻子所生的長女，算是馬明德的外甥女。在獲得丈夫的愛情方面，賈氏是遠遠不及小姨媽馬明德的；但是講到生育能力，她卻要強得多。賈氏入宮不久，便爲劉莊生下了兒子劉炟。

賈氏雖然生下了兒子，劉莊對她卻沒有太大的感覺，他偏愛的始終還是未能爲自己生下孩子的馬明德。而且，他覺得年輕任性、只知爭風吃醋的賈氏並不能成爲一個合格的母親，同時他也非常瞭解馬明德的盼子心切。於是，劉莊在依例將生育了皇子的賈氏晉封爲貴人之後，把賈氏所生的兒子劉炟交給了馬明德撫養。

劉莊把孩子交給馬明德的時候，說了一句安慰她的話。而這句話，也成爲了天下爲人父母者的共鑒：「人未必當自生子，但患愛養不至耳。」馬明德感謝丈夫對自己不育的體諒，更加悉心撫養這個孩子，對他的關懷無微不至。雖然她的宮中婢僕成群，但她仍然事事親力親爲，以至於勞累憔悴。後來母子關係勝似親生，看來付出總是有回報的。

劉炟從小親近馬明德，彼此間毫無芥蒂。在她的身上，劉炟得到了最無私的母愛。他對馬明德，有著最至情至性的稚子之情，比許多親生的母子還要親近。生娘不及養娘親，在男歡女愛之後生個孩子很容易，可是一把屎一把尿地養大這個孩子，卻不是每個人都能做得好的。因此，劉炟認爲養母馬明德比生母賈貴人更值得自己愛戴回報。

陰麗華病重的時候，馬氏想盡各種辦法，以求陰麗華康復。急中生智之下，她便想將自己的養子劉炟帶到宮中，爲深宮禁苑添一點生氣，使陰麗華高興高興。她相信，太后看到劉炟肯定會心情大好，到時，其病不治而癒也是有可能的。事實正如馬氏所料，劉炟在太后面前表現出了作爲皇子應有的聰明與靈巧。陰麗華一時心情大爲愉悅，病自然也就好很多，一時間，皇上更加寵愛劉炟了。

劉莊繼位三年的時間裏都沒有冊立皇后。永平三年春天，劉莊爲父守制期滿，再不立后就說不過去了，這不僅僅是他的私事，也是國家大事。劉莊一直想立馬明德爲皇后，皇太后陰麗華也將馬明德的爲人看在眼裏，於是開口說：「馬貴人德冠皇宮，宜立爲后。」就這樣，馬明德被冊立爲皇后，劉炟被立爲太子。

馬皇后被漢明帝立爲皇后的前幾天，夢見無數小蟲飛撲到她的身上，鑽入皮膚後又飛出來。這令人感覺厭惡的夢境，按照古人的說法，卻是一個大吉之夢。這樣的夢，代表著四海蒼生仰靠一人而生活，而做這個夢的人，必將成爲世人之主。自從被立爲皇后後，馬明德更加謙恭謹慎，每天通讀經書，衣著十分樸素。

馬明德既成了皇后，就是東漢王朝第一貴婦，但她卻沒有像她這個地位的絕大多數人一樣，患上得意忘形的毛病。她不但從婆婆陰麗華的身上學會了處理複雜宮闈事

務的耐心，更汲取了父親慘重的教訓。因此，雖然身爲後宮之主、一國之后，馬明德仍然一如既往地平易近人、樸素平和，對別人的是非長短，更是從不加以評論。

馬明德身材修長，有一米七左右，容貌端麗舉止莊重。照說，天生麗質又有經濟條件，再怎麼打扮得珠光寶氣，也是她的權力。然而，馬明德深知驕奢之風不可輕起。有一次參加朝見，其她嬪妃看見馬皇后穿的衣服稀疏粗糙，還以爲是上好的綺羅皺，走近一看不禁都笑了出來。馬皇后告訴她們說：「這種布適合染色，我才用它。」其他嬪妃都暗自嘆息。

明帝愛到行宮苑囿遊玩，馬皇后常以不要冒風犯邪、沾露淋霧告誡，令人不得不採納。明帝到北宮的濯龍園遊玩，召了很多妃嬪一起去，這時有人提出把馬皇后也請來。明帝笑著說：「她不喜歡遊樂，就算來了也不會高興。」確實，在遊樂觀賞方面，馬皇后幾乎從來不和明帝一起參加。

漢明帝登基十五年後，決定分封諸子就國。在劃定封國的時候，劉莊全部按制度減半給予。雖然諸子並非自己親生，但是作爲他們名義上的母親，馬明德不禁對丈夫的決定提出疑問：「這樣會不會太少了？夠用嗎？」明帝解釋道：「我的兒子怎麼能與先帝的兒子、他們的叔父們相提並論？有兩千萬的歲賦收入就足夠了。」

當了皇后的馬明德依然堅持節儉的習慣，她只在國家大典上穿絲綢衣服，其他場合只穿粗布的衣服，以此來宣導皇親大臣以簡樸爲美德。劉莊在政事上有難決定的事時也會問她，她就從事情緣由入手，提出好的處理方式。馬明德總是深明大義，她從不過問明帝對本家人的獎賞事情，這令明帝越來越寵愛她。

西元七十六年，章帝想授爵位給幾位舅舅，馬太后不答應。次年夏天大旱，有人以爲是不封外戚的緣故，管事的人因此上書請求對外戚進行封侯。馬太后下詔書說：「凡是上書請求此事的人，都是想奉承我以求富貴。外戚富貴很容易帶來滅頂之災，所以皇上要小心，不要讓外戚佔據要害位置。」所有人都對此讚頌不已。

過了幾年，章帝又要封爵位給舅舅。馬太后說：「人們願意被封侯，只是爲了奉宗祭祀和日常開支。現在我娘家什麼都靠朝廷，難道還不感到滿足嗎？現在災難不斷，我日夜憂慮，皇帝卻想著先封侯，違背慈母的一片誠心。你是皇帝，可以按自己的想法辦事，可這事關我的家族，我不能不管。倘若邊境寧靜無事，那麼你就可以按自己的想法行事了。」章帝這才取消了封侯的計畫。

在馬家親戚中，有行爲謙恭正直的人，馬太后就會溫言好語相待，並賞賜財物和官位；但如果有人犯了錯，即使是很小的錯，馬太后也會嚴厲批評；對於那些奢侈浪費、不遵守法律制度的親戚，她更是將他們從皇親國戚名冊中取消，送回老家。因此，內外親屬都聽從太后的教導，外戚也比明帝時期更加謙遜節儉。

西元七十九年，有關部門請求章帝分封諸位舅舅。章帝看到國家太平，物資豐富，便同意了此事。馬太后知道後說：「我年輕的時候很羨慕青史留名，現在我沒有堅持住，這真是一件萬年長恨的事情。」馬廖兄弟知道後堅決推辭，但明帝堅持，他們只得接受。

新平公主家失火，禍延皇宮，燒掉了皇宮北閣後殿。馬太后認爲火從外燒到內，是因爲自己這個後宮之主疏忽大意造成的，因此鬱鬱寡歡。當時正是拜謁光武帝與陰麗華的原陵之時，她認爲自己沒有盡到兒媳的本分，愧見公婆陵寢，這一年便沒有去。

馬明德不僅管束外戚，對自己要求也非常嚴格。她叫人削低了母親的墳頭，只是因爲墳頭的高度超過了規定的標準。建初四年（西元七十九年）六月癸丑日，四十二歲的馬明德病逝於長樂宮。同年七月壬戌，她與丈夫明帝劉莊合葬於顯節陵。

＊微歷史大事記＊

西元三十八年　明德皇后馬氏出生。她是漢明帝劉莊唯一的皇后，伏波將軍馬援的三女兒。

西元七十五年　漢明帝去世後，馬明德為皇太后，養子劉炟即位為東漢第三任皇帝。按國家規定，皇帝去世後，他生前的嬪妃除了隨兒子一起生活的封國太后之外，其他沒有子女的一律遷居南宮守寡。為了表示多年的姐妹情分，馬明德下令，賜諸貴人每人佩王赤綬、使用安車駟馬、白越布三千端、各色帛兩千匹及黃金十斤。

西元七十九年　四十二歲的馬太后病逝於長樂宮，謚曰明德皇后。同年七月壬戌，她與明帝合葬於顯節陵。

第十四章 勵精圖治漢章帝

書生皇帝——明章之治

西元七十五年，漢明帝去世，太子劉炟繼承皇位，爲漢章帝，改年號爲建初。劉炟的生母是賈貴人。但因爲明帝寵愛的馬明德無子，再加上賈貴人爲馬氏的外甥女，劉炟生下來以後，便被劉莊交給了馬明德撫養。後來馬明德被封爲皇后，劉炟因此被封爲皇太子。

劉炟本是一介書生，工於書法以及儒學經典，稱其爲「書生皇帝」一點也不爲過。歷來，人們一直認爲書生是軟弱無能、喜歡意氣用事的人，如果用於國家，會爲國家帶來禍患。登基成爲九五之尊的劉炟，又會是一個什麼樣的皇帝呢？歷史證明，

只要能夠充分利用自己的知識，書生也會有用武之地。

劉蒼是劉秀與陰麗華所生的第二個兒子，是劉莊的同母弟弟，地位非常顯赫。劉蒼在西元三十九年被封爲東平公，西元四十一年被封爲東平王。劉蒼之所以能夠得到重用和信任，一方面與他的皇子身分有莫大的關聯，另一方面也是因爲他確實有真才實學。劉炟繼位後，劉蒼幾乎可以被稱爲漢朝的頂梁柱。

劉蒼的自我修養很高，無論是學識、見識，還是品德，都得到了人民的廣泛好評。劉莊當政時，他已經得到了器重。劉莊死後，劉炟繼位，劉蒼依然活躍在朝堂之上。但劉蒼深知，自己的這個侄兒，不能跟劉莊相比，所以一直處處提點勸誡他。這樣一來，不僅劉蒼得到了忠臣之名，劉炟也得到了虛懷納諫的美名。

一次，劉炟突然召見劉蒼，言辭非常誠懇。劉蒼聽完詔令後，第六感告訴他會有事情發生。果不其然，劉炟召劉蒼進宮是爲了商議大建劉莊守陵的事。劉蒼知道劉炟是一個聽得進勸誡的皇帝，所以還不等劉炟說話，劉蒼就極力反對這件事情。這些話只有劉蒼適合說，因爲他有這個資格。最終，劉炟欣然接受了劉蒼的勸告。

第五訪，字仲謀，他的爺爺第五倫曾官至司空。從他的父親開始，家道開始中落，到他出生時已經貧困不堪。第五訪父母死的很早，他是由兄嫂帶大的。因家裏窮，第五訪小時候常常吃不飽，即使是在寒冷的冬天，兄嫂也沒有錢給他添加衣服和被褥。悲慘的生活促成了他堅毅剛強的品性。

第五訪長大一些後，就靠在士族家裏給人家當雇工賺錢來供養兄嫂。雖然生活仍然非常艱難，但第五訪積極面對。他知道知識能改變命運，知道知識就是財富，因此，只要有空閒時間，他就會刻苦學習。沒有錢買書，他只好從有錢人家裏借書來讀。加上他生性聰慧、機敏靈活，並且勤勉好學，他的才華變得越來越出眾。

第五訪憑藉滿腹經綸而名滿當地。在朝大臣偶然得知第五訪博學多才，便舉薦他爲官。沒過多久，第五訪就擔任了某郡的功曹一職。在擔職期間，第五訪兢兢業業，最後被大臣推舉爲新都縣令。在擔任縣令的三年裏，新都縣治安穩定、經濟繁榮。朝廷賞識他出色的治理才能，把鄰近的若干縣也都統一交給他來管理。

第五訪擔任太守的時候，正好趕上百年罕見的大旱，糧價一夜之間增加了幾十倍。眼見農民都快被餓死了，第五訪心急如焚，最後他決定開倉放糧。可是這必須得到朝廷的允許，私自開倉是會被滿門抄斬的，各地官員都很害怕。第五訪則說：「如果皇上怪罪下來，我一個人承擔。」百姓因此得到了生存的機會。漢章帝知道後，不但沒有怪他，反而還讚揚他有魄力。

西元六十九年，哀牢王柳貌主動歸附漢朝。當時劉莊執政，經過認真的考慮，任命鄭純爲益州西部都尉，管理哀牢國的土地。鄭純上任的第一件事是先體察民情。他爲官清廉，很快就得到了哀牢人民的喜愛，並利用這點向哀牢人民傳播大漢文化。哀牢國人民漸漸適應了漢朝的統治。

西元七十六年，南方哀牢王開始進攻大漢的郡縣。原因是鄭純去世後，他的繼任者不像他一樣，而是盲目地向哀牢人推行漢法，遇到不服從者就嚴刑拷打。這使哀牢人民開始害怕漢朝官員，把他們當老虎。無數代人留下的傳統，怎麼可能在短時間內改變呢？就算要改變，那也要是自願的，而不能是強行的。

劉炟是一個崇尚教化和仁治的皇帝，要他去殺人，並且還是自己的親人，確實很困難。所以在發現叔叔阜陵王劉延謀反的事情後，他並沒有直接抓人，而是先辨別真僞。最後確定確有其事，但念在影響不大，劉炟便將劉延貶到了一個小國，軟禁了起來。

劉炟與劉秀相比，勇略不足；與劉莊相比，果決不夠。這是因爲劉炟從小就沒有經歷過什麼大的戰爭，劉莊也沒有給他獨當一面的機會。劉炟是在親人的庇護下長大的，加上從小接受的教育，所以，相對他的祖父和父親而言，劉炟算是一個很軟弱的皇帝。

西元七十七年，邊關告急，祈請皇帝發兵，這對於劉炟來說不是什麼好消息。本以為可以歇息一陣了，沒想到又出了這檔子事，但作為皇帝，必須要在第一時間做出反應，於是劉炟趕緊召開緊急會議。當時洛陽在隴西委任的太守是孫守，皇帝和朝廷都非常信任他。最後，君臣商議決定發兵，平定叛亂，以免事情惡化。

耿恭在西域立下了汗馬功勞，本應被封侯，卻被皇帝封為了長水校尉，因為皇帝劉炟覺得他永遠都只是一個外人。耿恭以為，這次如果主動請纓出征的話，皇帝肯定會讓自己當主將。可是他想錯了，滿朝稍微有見識的官員也想錯了。劉炟沒有拜耿恭為主將，而是拜了馬防為主將，耿恭只是副將。

馬防雖然無能，但卻非常有自知之明，此次大戰如果想取勝，必須倚靠耿恭。出征之前，皇帝劉炟叮囑過他，遇事要找耿恭商議，至今他都銘記於心。於是，馬防在軍中，表面上一切大小事務都要聽聽耿恭的意見，背後卻命令下人搜集耿恭的罪證。耿恭看馬防如此謙遜，不由地對他刮目相看，還以為以前錯怪了人家，於是決定全力輔佐馬防。殊不知，馬防正在想辦法害他。

西元七十八年，馬防與耿恭率領的主力經過幾個月的調整，連日攻擊羌人首領布

橋所部。最後，布橋的兩萬人馬被漢軍殺了一萬，另一萬則歸降了漢軍。馬防大獲全勝，急忙上報劉炟。劉炟大喜，召馬防回京，耿恭則留下剿滅殘餘勢力。最終，十三個部落全都投降了耿恭，耿恭因此名聲大震。

之前，耿恭出兵隴西時，曾上書朝廷，推薦竇固擔任大使，坐鎮涼州。這違逆了馬防的心意。於是，馬防回京後，便指使李譚彈劾耿恭，說他不以國事爲憂，接到出征詔書時有怨望之辭色。後來，章帝把耿恭召回京，將其下獄審治，後來還免除了他的官職，責令他還鄉。耿恭自成名以來，對朝廷盡心盡力，此時卻蒙受不白之冤又無處申訴，不免鬱鬱寡歡，沒過多久就死了。

女人心計

竇家因竇穆獲罪而家道中落。爲了翻身，竇家抓住了章帝選妃這個機會，將竇勳和沘陽公主生的兩個女兒送進了宮。竇氏姐妹冰雪聰明，才貌雙全，不願意屈居人下，所以很願意進宮。但進了皇宮並不代表就能受到皇帝的寵幸，所以竇家備下重禮賄賂官員，請他們多多照顧自己的女兒。這些官員也是拿人錢財，與人消災，在他們的宣傳下，皇帝迫不及待地接見了竇家姑娘。一見之下，果然貌美如花，特別是竇家大女兒，一見面便得到了皇帝的寵愛。

皇帝與竇家大女兒整天形影不離，竇家大女兒欣喜之餘，不免有些擔憂。她是個聰明人，她知道要想掌握皇宮，光得到皇帝的寵幸是遠遠不夠的。因爲在後宮之內，能夠一言九鼎的不是皇帝，而是馬太后。

這年十二月，竇氏的兩姐妹都被封爲了貴人，這讓在隴西的馬防大吃一驚。馬家與竇家向來有嫌隙，可惜自己心有餘而力不足，只能把希望寄託在深宮中的馬太后身上。但馬氏對竇氏不是並那麼反感，倒是對馬防遠征的事情操碎了心。不久，便一病不起。而此時的竇家二女兒，早已得到了劉炟的寵幸，後宮大權也大部分掌握在她們的手中。

竇勳的女兒竇氏入宮後，十分受寵。她先是被封爲貴人，沒過幾年又被封爲皇后。一時之間，朝野震動。

馬太后爲何對此坐視不理呢？原因之一，是竇氏自入宮以來一直小心謹慎、謙遜恭順，這在很大程度不僅麻痹了皇帝劉炟，也蒙蔽了馬太后；二是馬太后已經病入膏肓，與其現在樹敵於竇家，還不如送個順水人情，只爲了竇氏做大之後能善待馬家。

章帝除了竇皇后之外，還有幾位貴人。由於竇皇后無法生育，所以章帝必須在其他幾位貴人所生的兒子當中，挑選一個當皇太子。經過各方面的綜合考慮，章帝決定立宋貴人生的兒子劉慶爲太子。年紀小一點的梁貴人也生了一個皇子，叫劉肇。以前講究母憑子貴，因爲生了兒子，她們的地位也因此變得更高貴了。

宋貴人出自名門，不僅長得水靈，而且知書達理，十分符合劉炟的口味。她被封爲貴人後，對劉炟伺候得非常周到，對馬太后也很孝順，之後還爲劉炟生下了長子劉慶。劉慶聰明活潑，非常受劉炟和宋氏的喜愛，劉炟甚至有一瞬間想讓宋貴人做皇后。

梁氏一族也正是春風得意的時候。雖然早年因陷害馬援被定罪，但瘦死的駱駝比馬大，何況自從劉莊死後，梁氏又逐漸興旺了起來。梁氏雖然很衰落，但自從梁氏姐妹進宮後，梁氏一族又重新振作了起來。又因梁氏和竇氏交情很深，所以梁氏姐妹還不至於被推到風口浪尖上。

劉炟對於竇皇后寵愛不假，但是他並不是一個用情專一的皇帝。僅僅是家世、地位都比竇皇后只強不弱的宋氏、梁氏，就已經夠讓竇氏姐妹頭疼了，而且皇帝對她們的寵愛一點也不遜於自己。不像先帝，雖然皇宮佳麗無數，但唯獨專寵馬氏，就算她不會生孩子，先帝還是爲她找了個兒子，以鞏固她的地位。

竇皇后雖然有皇上的寵愛，但卻沒有生育皇子。她擔心自己地位不保，便把梁貴人生的兒子劉肇給過繼了過來。可儘管這樣，竇皇后還是覺得不放心，因爲宋貴人生的兒子是太子。為防宋貴人搶走自己位置，竇皇后在母親沘陽公主的幫助下，開始陷害宋貴人。

為了陷害宋貴人，竇皇后向章帝告發說：「宋貴人心狠手辣，為了讓自己的兒子劉慶早日登上皇位，竟請人用厭勝之術詛咒陛下和臣妾，請皇上為臣妾作主啊！」說著還哭了起來。沒過多久，章帝就聽從竇皇后的話廢了劉慶，立劉肇為太子，同時還把宋貴人打入了冷宮，並派人前去審問。最後，宋貴人不願意受此侮辱，服毒自殺了。

宋貴人的死，並沒有讓竇皇后安心，她又開始擔心劉肇長大後，若知道自己是梁貴人所生，日後他繼承皇位就會對自己和竇家不利。於是，竇皇后又開始在章帝面前說梁貴人的壞話。一次、兩次，章帝沒有在意，但是說得多了，章帝也就相信了竇皇后的話，開始疏遠梁貴人。

竇皇后又將矛頭指向了梁貴人的父親梁竦。梁竦學富五車、才通古今，他自恃才高，但總鬱鬱不得志。有一天，他和幾個朋友喝酒。幾杯酒下了肚，便心懷大暢，還作了首詩。本來只是酒後而發，但落在別人眼裏，就變成了誣蔑梁竦有不軌行為的利器。

當時在梁州任太守的鄭據，也是竇皇后安插在梁家頭頂的一把利劍，他時刻注意

著梁家，找機會讓梁家人永不得翻身。竇皇后正好利用梁竦酒後的這首詩，匿名向皇上告發梁家。章帝本就在竇皇后的影響之下，對梁貴人產生了厭惡，此時更加懷疑梁家，於是派人前去調查。結果梁竦被捕入獄，最後冤死獄中；梁貴人的家人則被流放到很遠的地方；梁貴人不願忍受折磨，沒過多久也自殺身亡了。這樣一來，皇宮中幾乎沒有人可以威脅到竇皇后的地位。竇皇后受寵，竇家人得勢，一時間飛揚跋扈，爲非作歹。

Q 鬥不起的豪門第一家

梁氏與宋氏兩大家族都垮了，唯一能和竇家相提並論的就只有馬家了。但馬家兄弟還沒有意識到一山是不容二虎的。就算馬家能容得下竇家，但竇家並未也這樣想。這時候的馬家兄弟，依舊我行我素，一點也沒有感覺到自己的危險。

西元八十三年，劉炟外出巡視，竇皇后趁機讓哥哥竇憲聯絡朝中官員，給馬家兄弟羅織罪名。不久，劉炟回京，朝中官員一齊呈上了彈劾馬家兄弟的奏章。不過，馬家兄弟也怨不得別人，誰讓他們自己不自律呢！

馬廖的兒子馬豫本就脾氣暴躁，見當下的輿論不利於馬家，而作威作福的竇家卻沒有受到一點懲罰，心中更是不服，便命人四處飛書，不但批評竇家，還把朝廷的官員罵了個遍，認爲他們都是因爲太后不在了，才來欺負馬家。就事論事，馬豫說的確實沒錯，但他這樣明著說，不但得罪了百官，更得罪了竇家，從而導致了最後被殺的局面。

早在光武帝時，竇氏一家就已聲名顯赫。竇家先祖竇融曾經是劉秀的老將，被任命爲大司空。後來劉秀對他很是恩寵，還把女兒內黃公主嫁給了他的兒子竇穆，他的侄兒也娶了涅陽公主爲妻，竇融的孫子後來則娶了劉秀的孫女東海王劉強的女兒沘陽公主。

最初，竇家家道中落緣於竇穆的獲罪。竇穆爲將六安國占爲己有，想將自己的女兒嫁給六安侯劉盱。但劉盱已有妻子，難道讓自己的女兒嫁過去爲妾嗎？這是絕對不可能的。於是，竇穆假傳陰太后旨意，命令劉盱休妻而娶他的女兒。後來，明帝得知此事，便罷免了竇穆的官職。誰知竇穆仍不知收斂，他對明帝派人監視他一事頗有怨言，同時還賄賂官吏，最終落了個身死牢獄的下場。

竇穆死後，竇家雖仍然是名門望族，但已明顯變得門庭冷落，光景大不如前。直到章帝即位以後，竇勳的女兒成了受寵的皇后，竇家才又開始活躍了起來。妹妹受寵，竇皇后的哥哥竇憲、竇篤也很快飛黃騰達。兄弟倆不但做了高官，還特別受章帝

的寵幸，經常獲賜財寶、土地。

竇憲因得寵於章帝而變得越發橫行霸道、無法無天，他甚至膽敢低價強買沁水公主的田園。公主畏懼竇憲的氣焰，只好忍氣吞聲。直至一天章帝路過，問起莊園，才知此事。章帝大怒，把竇憲叫來一頓指責，還是皇后一再求情，才讓章帝消氣。這次雖沒有治竇憲的罪，只命他把莊園歸還公主，但之後章帝再沒重用過他。

章帝自繼位以來，養尊處優，生活奢侈豪華，還迷戀酒色，身體很不好。人還不到中年，就感覺體力不支，處理政務也有點力不從心。這種情況下，竇氏兄弟又開始把持政務，而且更加肆無忌憚。竇憲在朝中更是橫行霸道，哪怕只是曾經得罪過竇家的人，他也一定會讓他們償還竇家的損失。

當年竇憲的父親、祖父被明帝下獄而慘死獄中，現在竇憲得勢之後，便想給父親、祖父報仇。可是當年審判此案的韓紆已死，竇憲便派人殺了韓紆的兒子，並且拿他的首級祭拜竇勳。朝中文武百官都處處留意、事事小心，生怕一不小心冒犯了竇憲，而惹來殺身之禍。

西元八十八年，年僅三十三歲的章帝駕崩了。十歲的太子劉肇即位，稱爲和帝，竇皇后爲竇太后，開始臨朝聽政。但她一個弱女子，無法周全地處理政務，只能倚靠竇憲，讓他掌握兵權保衛兩宮。這樣一來，竇憲大權在握，更加有恃無恐、不可一世。一時之間，不僅皇帝在他們手中被視爲玩物，整個江山，也幾乎要改名換姓了。

竇太后和他的哥哥竇憲爲了更加穩固地控制劉肇，擅自改動了劉炟的遺詔，還將劉炟在世時最要好的兄弟劉黨攆出了洛陽。群臣十分懷疑遺詔的真實性，因爲他們知道劉炟在世時很重視自己的親人，更何況是自己最親的兄弟呢？但是沒有一個人敢開口，免得引火焚身。

齊殤王劉暢來京弔唁章帝，被太后接見了幾次，頗能討好太后的歡心，太后也很信任他。竇憲知道後，怕劉暢會和他爭權，便派刺客把劉暢殺了，還誣陷說是他在青州的弟弟劉剛指使人幹的。竇太后一聽，打算派人去青州調查。尙書韓棱卻不這樣認爲，他說：「兇手就在京師，不應該捨近求遠，在京師調查就可以了。」

竇太后知道殺人兇手十有八九是自己的哥哥竇憲，再聽韓棱這樣一說，竇太后更是心虛，感覺被別人看穿了，不由得惱羞成怒，大聲斥責韓棱說：「你什麼意思？」韓棱一字一句地把那句話又說了一遍，始終堅持自己的意見，朝中大臣也紛紛表態說應該在城中追緝兇手。竇太后縱然有千萬個不願意，也不能一意孤行，只好同意韓棱的提議。

法網恢恢，疏而不漏，沒過幾天，兇手被緝拿歸案了。經過審問，指使者正是竇憲。滿朝文武百官沒有一個驚訝的，好像這就是意料之中的事。竇太后覺得很沒面

子，堂堂皇舅做出這種事情，實在是讓她臉上無光。於是下令把竇憲在內宮中軟禁了起來，好平服朝中大臣。

北匈奴發生了饑荒，民不聊生，南匈奴便請求朝廷出兵征伐北匈奴。北匈奴一直是東漢的心腹大患，他們經常侵擾中原，無惡不作。光武帝時，東漢才剛剛建立，因爲沒有能力與北匈奴抗爭，東漢才一直委曲求全。現在已過去四十年，已經有能力與之對抗了，於是竇太后決定討伐北匈奴，安定邊疆。

竇憲主動要求出擊匈奴來將功補過。竇太后本來就不願意軟禁他，正好趁此機會讓哥哥自由。於是朝廷任命竇憲爲大元帥，伐北匈奴。在南匈奴的幫助下，東漢軍隊大獲全勝。此戰的勝利不僅使竇憲免於死罪，還恢復了他大將軍的職位。一時間，竇憲權震朝廷。

竇憲不久後班師回朝，朝廷下詔封竇氏四兄弟爲侯，但竇憲拒不受封。西元九十年，竇憲再次進攻北匈奴。這次，他徹底打敗了北匈奴，並活捉了北匈奴單于的母親。竇憲擊敗了北匈奴，使老百姓安居樂業，也爲東漢王朝立下了汗馬功勞。看來，竇憲確實是個很有才幹的人。

竇憲平定匈奴回朝之後，越發地無法無天。朝中許多大臣都去巴結他，以便謀求高官。竇憲的許多親戚也都掌握著朝中有實權的部門。到最後，滿朝文武中有一大半都是竇憲的人，整個朝廷變得烏煙瘴氣。

劉肇漸漸長大，也越來越懂事。竇憲怕劉肇親政以後會威脅到自己的權勢，就想殺了劉肇；而劉肇也對舅舅把持劉家的朝廷很不滿意，想除掉竇憲。可見，這倆人誰也不待見誰。可是，要想除掉竇憲並不容易，因爲朝中大部分都是竇憲的人。劉肇經過細心的觀察後發現，宦官鄭眾不與竇家的人交往，於是就與鄭眾商議除掉竇家。

爲除掉竇憲，和帝先是將竇憲召回京城，然後緊閉城門，命人將竇憲所在的北宮團團圍住，四處抓捕竇憲的親信，同時宣讀詔書，收回他的大將軍印綬。和帝感念竇太后的養育之恩，沒有公開處死竇氏兄弟，而是在他們回到封地後再迫令其自殺。而竇太后雖沒被廢，但也被軟禁了起來，命其不得參與政事。

微歷史大事記

西元五十八年　劉炟出生，被明帝馬皇后收養，並以馬氏為外家。

西元六十年　被立為皇太子。

西元七十九年　馬太后去世，東漢光武帝和明帝時期所訂立的「外戚不得封侯當政」的規定，終於開始動搖，外戚竇氏集團開始進入政治權力中樞。

西元七十九年　《白虎通》在漢章帝的主持下，由班固整理成書。

西元八十五年　西域烏孫國派人來訪，與東漢中央政府交好，征戰連年的中原與西域，又看見了和平的希望。

西元八十八年　漢章帝劉炟病逝。

第十五章 聖明太后是鄧綏

歷史上第一能忍的皇后

鄧綏是南陽新野人，功臣顯宦之後。爲表彰和紀念漢室的功臣，劉莊將廿八名傑出貢獻者的畫像陳列於南宮雲台中，史稱「雲台二十八將」，鄧禹排第一。鄧綏的父親鄧訓是鄧禹的第六個兒子，鄧綏共有兄妹五人，她排行老三，是家裏唯一個女孩，所以家人對她十分寵愛。

鄧綏從小就聰明賢淑、善解人意，深得祖母的喜歡。鄧綏五歲的時候，已過花甲之年的祖母親自爲孫女剪頭髮，結果頭髮沒剪好，額頭卻被刺傷了。要是換作一般的嬌生慣養的千金小姐，早就疼得大喊大叫了，可鄧綏卻一聲不吭，臉上還露出高興的

表情，好像被刺傷的不是自己而是別人。

頭髮剪完後，服侍她的丫鬟心疼地問鄧綏：「難道你不怕疼嗎？」鄧綏說：「怎麼會不怕呢？只不過奶奶是因爲疼愛我才會給我剪頭髮，人老了，發生這樣的事是難免的。如果我叫出來，就會傷老人的心，我怎麼忍心呢！」多好的孫女，要是被鄧綏的奶奶聽見了，恐怕早就老淚縱橫了吧。

鄧訓爲官清廉，持家甚嚴，鄧綏也深受影響。她和其她女孩不一樣，不喜歡女紅，而喜歡讀書。母親看她專心的樣子，開玩笑地跟她說：「你一個女孩子家不學女紅，難道還想當女博士不成？」鄧綏明白母親的意思，便白天學做女紅，晚上點燈讀書。

鄧綏是一個聰明的孩子，她的父親鄧訓很支持鄧綏讀書，認爲她不是一般的女孩子，將來的成就一定會超過她的哥哥們。在鄧綏稍微長大一點的時候，父親遇到什麼難題都會找鄧綏商量。鄧綏提出的意見，父親也非常重視，幾乎百分之百採納。

鄧綏十二歲時被選入宮，和她一同被選的還有陰孝和。陰孝和與陰麗華同屬一個家族，陰孝和的曾祖父是陰麗華的哥哥，按輩分講，陰孝和算是漢和帝的表妹。如果鄧綏和陰孝和一同進宮，那麼以鄧綏的才貌和家庭背景，她絕對會成爲陰孝和坐上皇后寶座的最大阻礙。

在鄧綏進宮的前一天，鄧綏的父親突然去世。也就是在這時，鄧綏開始掌握自己的命運。其實她根本不用守孝：一是有哥哥們在；二是她是個女孩子；三是馬上就要進宮了。但是小小的鄧綏有自己的主見，她決定選擇另外一條路，先爲父親守孝三年，推遲進宮的時間。她這麼做是因爲父親對自己刻骨銘心的愛，也是因爲儒家經典「百行孝爲先」對她的影響。

儒家對守孝有三年的規定：父母死後三天內不能吃東西，只能喝水；三天過後到百日內，只能喝稀飯；出殯前，必須住在連狗窩都不如的茅屋裏，茅屋越破越好；三年內只能穿白色的孝服；出殯之前要時不時地號啕大哭，出殯之後也要早晚各哭一次。如此苛刻的條件，別說一個十二歲的孩子，就是一個大男人也很難忍受。鄧綏的哥哥們都只是做做樣子，但鄧綏卻做到了。

鄧綏守孝三年後，面容憔悴，形如槁木，不知道的人是不會看出她是鄧家大小姐的，連她的母親都差點認不出來。母親看到女兒這樣，心疼得不得了，失聲痛哭。鄧綏不僅沒有哭，她問家人對她守孝期間的表現滿不滿意。母親連連點頭，說：「如果這還不滿意，那世界上還有誰能稱自己是孝子呢？」

如果要用一個字來形容鄧綏的性格，那就是「忍」。鄧綏比任何女人都能忍，也都會忍。也正是她能忍，才換來了她所要的愛情和人生。

鄧綏剛剛守孝完畢，就遇上了劉肇第二次海選宮女。這一次，鄧綏順利地進了宮。鄧綏進宮之前做了一個夢，夢見自己用手撫摸天際，還抬頭吮食鐘乳。家裏人找到解夢的人問了問，是個吉兆。解夢人說，以前唐堯帝也曾經夢見自己攀著柱子登上了天，如今鄧綏做了一個這樣的夢，說明鄧綏和唐堯帝一樣，必定能成爲人中龍鳳。

鄧綏入宮後，因外貌出眾，次年被升爲貴人，成爲皇后以下位分最高的妃子，所以，她必須自謙以防遭到別人妒忌而招來殺身之禍。她對待陰皇后非常謹慎，從不敢與陰后並排坐立，說話也不敢先於陰后。她的謙遜讓皇帝更加喜愛她，但同時也招來了陰皇后更多的嫉恨。

漢和帝和鄧綏相處了一段時間後，發現鄧綏不只是外在美，內心也很美。她不僅學識淵博，有著優雅的氣質，而且彬彬有禮，尤其有一顆一般女人無法擁有的寬容之心。鄧綏對自己要求很嚴格，從不輕易原諒自己的錯誤，但對別人卻很寬容。

和帝劉肇對鄧綏的寵愛惹急了陰孝和。鄧綏才進宮幾天，就把劉肇本來對她的愛搶去了一半，陰孝和和阿嬌一樣，她不能容忍別的女人和自己共同分享一個男人。她和劉肇青梅竹馬十幾年，又是表兄妹，她不信自己比不上一個只進宮幾天的鄧綏。於是她採取措施，寸步不離地跟著劉肇。

劉肇很快就受不了陰孝和的死纏爛打，他把陰孝和與鄧綏相比較，越來越覺得陰孝和俗不可耐，除了長得有點姿色外，其他一無是處。於是，他和陰孝和大吵了一架，把陰孝和氣得跑回了娘家。這正如劉肇所願，劉肇巴不得再也不要見到她，這樣他才有機會和鄧綏在一起。

鄧綏與陰孝和恰恰相反，她從來沒有想過要獨佔劉肇。既然選擇進宮，就必須面對皇帝有很多女人的現實。陰孝和把劉肇看得越緊，鄧綏就把劉肇放得越鬆，好一個若離若即。但她卻沒有把劉肇對她的寵愛當成炫耀的本錢，依然心平氣和地用友善的態度對待宮女。

鄧綏還把一些宮女推薦給劉肇，那些宮女對她非常感激，簡直要把她當成再生父母了。陰孝和做不出來，她便來質問鄧綏說：「向皇帝推薦宮女是皇后的責任，這些事什麼時候輪到你來做了？」說完便跑到了劉肇那裏告狀。劉肇聽後頓時覺得好笑，因爲他知道這件事鄧綏並沒有越矩，反而是陰孝和失職，她居然還好意思跑來告狀。

陰皇后是光武帝皇后陰麗華之兄陰識的曾孫女。算起來，她與鄧綏是姑表親戚，比鄧綏還輩分小。陰皇后於永元四年（九十二年）入宮，因精於書藝，聰明伶俐，又是先帝陰皇后的親戚，很受寵幸，被立爲貴人不久，就被冊立爲皇后。鄧綏入宮以後，陰皇后的地位受到了威脅和挑戰，因此她時常想著害鄧綏。

鄧綏生病，和帝爲了表示恩寵，命鄧綏的母親和兄弟入宮照料湯藥，並且不限定日數。按漢朝的宮禁制度，這確實是格外恩寵。鄧綏心中明白，卻婉言謝絕，她對皇帝說：「皇宮是最重要的禁地，外戚久住的話，別人會說陛下親近外戚，說臣妾不知足。於公於私，都不妥當。」和帝聽後，十分讚賞她。

鄧綏不僅對那些沒有被皇帝寵幸過的宮女友善有加，對那些曾經被皇帝寵幸過的妃子也是情同姐妹。她自己雖然沒有爲劉肇生下孩子，但她對其她妃子生的孩子都一視同仁。每當有妃子的孩子生病或者夭折，她都會親自去看望，有時還傷心垂淚，這爲她贏得了很多妃子的好感。如果皇后的位置可以投票的話，她們一定選鄧綏。

鄧綏的聰明之處在於，她本來是出頭鳥，但她卻把槍引向了陰孝和。就以宮女來說吧，陰孝和對她們頤指氣使，對她們的孩子不聞不問，本來是鄧綏把皇帝對宮女的寵愛全都霸佔了去，但爲了平衡宮女們的心態，她有時會謊稱自己生病，不能陪劉肇，讓劉肇去別的地方。這樣宮女反而要感激她，而更加痛恨陰孝和。

宮裏時常舉辦一些娛樂活動，每當這時，妃嬪們都打扮得花枝招展的，希望憑豔麗的外表來引起皇帝的注意。陰孝和更是如此，她每次化妝都需要花費幾萬錢，她的服裝在所有妃嬪中都是絕無僅有、獨一無二的。而鄧綏卻恰恰相反，總是淡妝素裹，她並不是她沒有好看的衣服，她是故意穿給劉肇看的。她要他看到她的與眾不同，即使她穿得再樸素，也難以掩飾她天生麗質的風采。更重要的是，她能獲得一個節儉樸素的好名聲，真是何樂而不爲呢？

鄧綏和陰皇后在一起的時候，處處讓著她，不與她爭風吃醋，不與她平起平坐，就算是劉肇給予她特權，她也婉言拒絕。陰孝和沒有鄧綏高，所以鄧綏和她在一起的時候經常彎腰，不讓陰孝和的自尊心受到打擊。這一切在劉肇眼裏都成了母儀天下的表現，他也更加寵愛鄧綏了。

鄧綏的受寵徹底激怒了陰孝和。和帝病重時，她曾私下說：「等到我出頭的那一天，一定要將鄧家滿門抄斬。」鄧綏聽到這些話後十分恐懼。她知道陰孝和不會放過她，便想服毒自殺，幸好被宮人攔了下來。後來，和帝病癒，重新上朝理事，陰孝和的希望就落空了。

和帝的病癒並未讓陰孝和就此甘休。她又聽從了自己外祖母的建議，以巫術蠱道來詛咒鄧綏速死，或使皇帝無子，以保全皇后之位。誰知，這事被告到了和帝那裏。和帝大怒，以大逆不道之罪將相關人員全部逮捕。陰孝和被廢去皇后之位，軟禁在桐宮中，最終憂鬱而死，陰孝和的父親也受此事連累而自殺。

陰氏家族在陰麗華辛辛苦苦的維持下，風光無限了八十多年，如今卻毀在了陰孝和的手裏。這場巫蠱術從開始到結束的整個過程，鄧綏都沒有出現，也不知她對此事是個什麼看法。

陰孝和已死，那接下來就是冊封新的皇后了。所有人都把目光投向了鄧綏，劉肇自然也百分之百地願意，但他還是假惺惺地搞了一個民意調查。結果是宮中上下對鄧綏的好評如潮，沒有一個人說鄧綏的不是。由此可見，鄧綏的交際手腕是多麼的高明。

當劉肇要立鄧綏爲皇后時，鄧綏卻委婉地拒絕了。她說，發生了這麼大的事，她也有責任，她要閉門思過。鄧綏並不是不想當皇后，她只是覺得還不是時候。這一刻，她要在劉肇面前表現得對皇后的位置沒有一點覬覦之心。一連三個月，鄧綏真的做到了閉門不出，宮中上下幾乎把她當成了活菩薩。

鄧綏閉門三個月後去找劉肇，劉肇高興地說：「這回你可以當皇后了吧？」沒想到鄧綏還是不同意，這次的理由是，陰皇后死了沒多久，如果她現在當皇后，那傳出去會有損名聲。當一個男人被一個女人迷住的時候，她說的每一句話都是金玉良言。所以，劉肇同意了鄧綏的說法，還直誇她想得周到。

劉肇第三次提出要冊立鄧綏爲皇后的時候，鄧綏沒有再拒絕，再拒絕就顯得矯情、虛僞了。所以，在鄧綏廿一歲的時候，她如願以償地當上了皇后。

鄧綏是中國歷史上最有心機的皇后之一，她充分利用了各種資源，審時度勢，一步一步達成自己的目標。其實，鄧綏的這種心機也未嘗不是一種智慧。從這方面來看，她確實比陰孝和更適合做皇后。

鄧綏是一位賢妻。劉肇的身體一直都不好，不得不臥病在床，鄧綏就天天在劉肇的身邊服侍他，生怕劉肇一醒來有什麼要求。其實這些事完全可以讓下人去做，但鄧綏堅持自己來，因爲她知道病人最需要的不是醫生，而是親人，這樣病才會好得快。但鄧綏的悉心照顧並沒有換來丈夫的康復。西元一〇五年的冬天，劉肇握著鄧綏的手，永遠地閉上了眼睛。

當初，和帝的兒子連續夭折，前後多達十餘人，因此，後來出生的皇子都送到了民間養育。直到和帝駕崩後，鄧綏才將長子劉勝、幼子劉隆接回宮中。長子劉勝身患頑疾，不適合繼承皇位，因此，鄧皇后立了年方百日的劉隆爲太子，當夜登基，爲漢殤帝，鄧皇后成爲皇太后。因劉隆還小，所以鄧太后臨朝總理朝政。

鄧太后掌管朝政後，首先提拔了一批有功之臣，獲得了朝廷重臣的擁護；又以皇帝年幼，留張禹在宮中居住，以防不懂的地方可以及時問詢；朝見時，讓他單獨就座，不與三公同席；另外，又考慮到自己太年輕，不方便經常接見大臣，就將鄧騭升

爲車騎將軍，溝通內外。

虞詡，祖籍河南鹿邑，字升卿。他十二歲時就能誦讀《尚書》。由於父親早死，他早早就承擔起了奉養奶奶的責任。當時官吏知道他有品德、有才華，便想讓他做官，可是都被虞詡婉言拒絕了，理由是他現在要贍養祖母，後來，祖母過世，守孝期完後，朝中太尉李脩徵召他入府，封他爲郎中。

西元一一○年，羌人出兵襲擊涼州。大將軍鄧騭因爲朝廷沒有足夠的軍費，打算放棄涼州。虞詡知道後，對李脩說涼州是先帝辛辛苦苦打下來的，不能因爲沒有軍費而放棄。再說，涼州地區的士兵作戰能力首屈一指，這也是羌人不敢進犯京城的原因。李脩覺得有理，可是要怎麼對付呢？虞詡提議任西州豪強爲掾吏，任命長吏子弟爲郎。李脩按照虞詡的意思做了部署，羌人果真撤兵了。

朝歌賊寇肆虐，各州郡都出現了混亂的局面。鄧騭因私怨舉薦虞詡擔任朝歌長。虞詡到了朝歌後，馬上拜訪河內太守。太守看見是虞詡，很是爲他擔心。虞詡讓他不要擔心，說自己一定能搞定。虞詡剛開始抓了一些賊寇，之後又放了他們，再命人混入其中，引出其他賊寇，並命裁縫在賊寇的衣服上做上記號。賊寇對虞詡的能力非常吃驚，嚇得四散而逃，朝歌也恢復了平靜。

洛陽令王渙，爲人剛正不阿，辦事公平，人民對他心悅誠服。王渙死後，百姓都非常傷心，靈柩經過弘農時，百姓都在路邊爲他擺盤祭祀。鄧太后下詔說：「沒有忠良的官吏，國家就不能得到治理。朝廷非常需要這樣的人才。」爲了鼓勵那些辛勤勞苦的官吏，她任命王渙的兒子王石爲郎中。

這年夏天，有三十七個郡和封國遭受大雨災。鄧太后下旨減少太官、導官、尙方、內署的衣食住行以及各種値錢的東西；只有在供奉皇陵祠廟的時候，才能對稻穀粱米進行加工精選，每天只吃一次肉；並將各郡、各封國的貢物減少一半以上。平常要花費十萬萬錢的太官、湯官，如今只能花數千萬錢。

漢殤帝早逝，鄧太后和鄧騭、鄧悝等人共商大計，尋找皇位繼承人。當天夜裏，他們把清河王的兒子劉祜接了來，在殿中齋戒，鄧太后登上崇德殿，文武百官全部穿上吉服陪同出席。十三歲的劉祜被引上殿，鄧太后封他爲長安侯，並下詔立劉祜爲和帝的兒子，還起草了冊立皇上的詔書，獻上御璽，劉祜正式即位，爲漢安帝，鄧太后依舊臨朝聽政。

受到前朝外戚專權勢盛被誅殺的教訓，鄧太后儘量在任用官員上做到公正不偏。可是，在以男性爲封建宗法的政治環境中，一個女人要想統治天下實在是不方便。所以，鄧太后只能依靠娘家人，這樣鄧氏兄弟就不免要干政了。鄧騭作爲大將軍，推舉了不少賢能的人才，得到了天下人的讚揚。

鄧太后的母親病重，鄧太后前去看望，連續住了好幾天。三公非常反對這種行爲，鄧太后只能回宮。十月，鄧太后的母親去世。鄧太后命人以東海恭王劉強的標準爲母親治喪，劉騭兄弟請求辭官爲母親守孝。鄧太后不知道該不該答應，便問曹大家，最後同意了他們的請求。服喪期滿後，鄧太后又命他們回來輔佐朝政。

元初六年，鄧太后召集了很多親信，爲他們建立官舍，講授儒家經書，並親自監督考試。她召告堂兄、河南尹鄧豹和越騎校尉鄧康等人說：「身在末世的皇親國戚和官宦之家，吃好的、穿好的，卻不懂學術，就如同面向牆壁什麼都看不見，不懂得善惡得失。這就是災禍與失敗的起因。」

鄧太后的堂弟越騎校尉鄧康多次上書，勸鄧太后抬高朝廷的威望，主動削減外戚的私權，但鄧太后都沒有採納。因此鄧康以生病爲由不去朝見。鄧太后派侍者去看他，這位侍者以前在鄧康家做過婢女，此時居然倨傲無禮，鄧康很生氣，把這位侍者罵了一頓。侍者記恨在心，回報鄧太后說鄧康裝病，還口出狂言。鄧太后勃然大怒，削了鄧康的祖籍。

西元一〇九年，鄧太后得了一場大病。按宮中慣例，每年年底都要舉行大儺（**一種驅除鬼怪的儀式**）驅除疾病災禍，這次因爲鄧太后身體不好，大臣們建議擴大規模。但鄧太后不同意大臣們的意見。她說：「今年收成不好，百姓本來就很窮苦了，再加上國家發動了幾場戰爭，花銷也不小，再這樣做實在是不應該。我們應該縮小規模，能省則省，五穀豐登後再復原。」

晚飯的時候，小太監端來一盤小野雞肉炒韭黃。鄧太后一看，心想：現在冰天雪地，哪來的小野雞和韭黃？便問小太監。太監回答說：「這是洛陽令特意貢獻給太后的。」鄧太后聽了說：「我問的是現在怎麼可能有這種東西。」太監回答說：「春天採來雞卵，三個月後孵化，再長半年；韭黃是地下生火，地上種韭黃。」太后一聽，恍然大悟，隨後下令禁止上貢強制種植的廿三種植物。

鄧太后雖然獨攬大權，但從總體上看，她勤政愛民，沒做過什麼出格的事。她對外家的約束是非常嚴厲的，所作所爲都是以維護劉家、保護劉家的根本利益爲主。在她的管束下，鄧家兄弟也全都遵紀守法，沒有人敢胡作非爲。鄧太后的做法是明智的，這也是眾大臣擁護她的重要原因。

西元一二一年，鄧太后因病吐血身亡，年僅四十一歲。鄧綏死後，與和帝合葬順陵，謚號爲熹皇后。根據古代謚法，「有功安人曰熹」，這正概括了她爲漢室勤勤懇懇的一生。在東漢劉氏政權動搖的情況下，鄧太后的臨朝聽政起到了支撐漢室、安定民心的積極作用。

鄧綏稱制終身，號令自出，雖勤勉爲國，但安帝成年後，自然會產生親政的想法，所以，劉祜一直暗中觀察有哪些人是忠於自己的可用之才。不久，一個叫杜根的人進入了劉祜的視線。但礙於太后耳目眾多，劉祜不敢親近他。一日，杜根趁太后出宮的機會，走向了太子的寢宮，劉祜早就渴盼已久，於是趕忙接見他。

杜根一見劉祜就失聲痛哭，並把自己想擁護劉祜的心思說了出來。劉祜此時心生一計，決定讓杜根做一個試金石。第二天，杜根拉上好友時郎，在朝堂上向太后進言自己的想法。太后一聽，勃然大怒。這簡直是在逼宮，如果不嚴懲這些人，自己的地位就會有危險，於是下令逮捕杜根等人，殺雞儆猴。

鄧綏命人將杜根裝入袋子，在大殿上活活打死。朝臣知道杜根直言相諫，如今竟然落得如此下場，不禁有點同情他，於是秘密告訴行刑人，打的時候不要太用力，打完後直接送出城。太后不放心，命人來檢查，杜根就裝死，直到三天後眼裏都生了蛆，太后才相信。後來，杜根逃到宜城做了酒保。

安帝對自己的現狀很不滿，再加上安帝的乳母王聖經常搬弄是非，說鄧綏的壞話，更是讓他心中憤懣。君讓臣死，臣不得不死，鄧家終於難逃厄運。鄧綏一死，安帝親政，就向鄧氏家族開刀，將鄧氏子弟削奪封爵，廢爲庶人；有些遠流邊郡，後在地方官的威逼下，被迫自殺。

鄧綏屍骨未寒，鄧氏家族及其親信蒙遭冤獄，天下無不爲之痛惜。大司農朱寵就認爲鄧騭乃是無罪遇禍，便用車子載著他的棺材，肉袒上朝，爲他鳴冤。接著，眾人也多稱鄧騭冤枉。安帝無奈，將其安葬在洛陽北邙山的祖墳之中。鄧騭歸葬之日，公卿同吊，莫不悲傷。一直到順帝即位後，鄧騭才恢復了名譽。

早在西元一一四年，閻姬便應召入掖庭，年僅十六歲。漢安帝一見閻姬，便被她的美貌所吸引，經常召見她。時間長了，安帝發現閻姬的才華一點也不遜於自己的嬸嬸鄧太后。安帝覺得閻姬也許能幫助自己，於是封她爲貴人，次年又封爲皇后。

安帝的寵愛使閻姬倍感驕傲，而出身豪門大家的她，從小就具有強烈的自我意識，所以，她無法忍受安帝有其他妃子。此時，恰好傳來李氏爲安帝生下皇子的消息，閻皇后對此十分惱火，於是趁皇帝出宮之際，將李氏毒殺。

李氏所生的皇子劉保在皇太后鄧綏的主持下，被立爲皇太子。閻皇后一直對劉保不滿，但無奈有鄧太后爲他保駕護航，她也無可奈何。等到鄧太后一死，安帝親政，她便在安帝面前進讒言，誣告太子謀反。太子劉保被貶爲濟陰王。

四大發明之一——造紙術

造紙術是我國的四大發明之一，是東漢時期蔡倫造出來的，它對全人類文化的發展起到了重要的作用。我們現在用的形形色色的紙，都是從蔡倫造的紙演變而來的。

蔡倫是桂陽人，字敬仲。他很小的時候，因爲家裏窮，被送到宮裏當太監，那時是章帝時期。蔡倫進宮的時候雖然年紀小，卻聰明伶俐，喜歡讀書，而且非常用功。和帝時，蔡倫因爲知識淵博，很快被封爲中常侍。鄧太后臨朝聽政時，也經常向他徵詢意見。蔡倫都能對答如流，還常常提出一些有價值的意見。因此，鄧太后非常器重他。

蔡倫不但學識過人，而且心靈手巧。一到休假日，他便躲在家裏做一些小工藝品，這些小工藝品深得王孫嬪妃的喜愛。西元九十七年，蔡倫奉命去監製宮中衛兵使用的武器。他非常盡心，每一件器具都會仔細核查。在他的監製下，做出的兵器不但精巧而且堅固耐用，成爲了後世效仿的榜樣。

一次，蔡倫獲假探望父母。他很久沒有回家了，一路上緊趕慢趕，一個多月才回到家。回家的第二天，他就打算四處走走。路過學堂的時候，蔡倫看見小孩子正抱著厚重的木簡搖頭晃腦地誦讀經書。但時間長了，就不得不放下來休息一會兒，因爲木簡實在是太重了。蔡倫心裏感嘆道：「這麼辛苦，真是難爲他們了。」

蔡倫在路上邊走邊想，現在的紙不行，太脆、太硬，一會就不能用了。如果能改善一下，那造出來的紙肯定不一樣。於是，他迫不及待地回到家。他首先讓石匠幫他鑿了一個石臼，準備了十幾塊木板，並磨得平平的，又請人編製了又密又細的篩子。家裏人納悶，但蔡倫只回答說：「有用。」

蔡倫讓家裏人找來不穿的舊衣服，先用水洗乾淨，再抱到石臼中用力搗起來，一直搗到連細紋都看不見爲止。接下來，他又把這些搗出來的漿用水稀釋，再用篩子拓表面，反覆持起漿水。最後舖在石板上，曬乾變成一張紙。但儘管這樣，製造出來的紙還是能看見布絲，紙還是很脆弱，品質也並沒有改變多少。這讓蔡倫很失望。

正當蔡倫納悶之際，他突然看見一群小孩子正在往水裏投生石灰，水嘟嘟地冒泡。蔡倫笑了笑，覺得小孩子真調皮。忽然，靈感來了，他想，生石灰可以泡爛衣服，那不正意味著布絲可以消失嗎?說幹就幹，這次蔡倫搗得又輕鬆又快，而且非常細。經過細篩後，製成的紙不但軟，而且又白又細，怎麼折都折不斷，非常好用。

紙造成之後，蔡倫又想，如果總是用破衣服作原料，就太浪費了。村裏有人打漁，蔡倫就把剩下的破魚網收集了起來，如法炮製，結果製出來的紙是一樣的。之

後，他又把破繩、布鞋、樹皮等廢物進行了試用，沒想到製出來的紙還是一樣，又輕又薄又好用。蔡倫把製出來的紙一部分送給了村民，一部分送給了學堂。

蔡倫回到洛陽後，把自己製好的紙獻給了和帝，受到了和帝的大力嘉獎。鄧太后時期，爲了表彰蔡倫造紙的功績，特封他爲龍亭侯。從此以後，人們便把這種紙叫做蔡侯紙，來紀念蔡倫。鄧太后後來又命蔡倫等人建造了造紙的地方，專門製造這種紙，以供皇宮王孫子弟讀書使用。

因爲造紙成本低廉，所以這種造紙方法很快就流傳到了民間，木簡逐漸被蔡侯紙取代。後來蔡倫的紙又逐漸流傳到離中國很近的國家，諸如朝鮮、日本等地，後又傳到歐洲。慢慢地，全世界人民都用上了中國的蔡侯紙。蔡倫的造紙術是中國文化乃至世界文化事業發展中的一個里程碑。

＊微歷史大事記＊

西元八十一年　鄧綏出生於南陽新野。

西元九十五年　鄧綏被選入宮中。

西元九十六年　鄧綏被立為貴人，居於嘉德宮，成為皇后以下等級最高的嬪妃。如此一來，鄧綏遭到了陰皇后的嫉恨。

西元一〇二年　陰后因為被告行巫蠱之事為皇帝所廢。和帝因寵幸鄧氏且認為她有德行，而立她為皇后。鄧綏成為皇后之後，因其具有學識和才能，所以逐漸參與到了政事之中。

西元一〇五年　漢和帝去世，鄧皇后更得以進入政治權力的中心。和帝去世，鄧后雖無子，但迎回了養於民間、年方百日的和帝幼子漢殤帝即位，鄧后被尊為皇太后。因殤帝年幼，故由鄧太后臨朝聽政。

西元一二一年　鄧綏病死。

第十六章 宦官專權漢順帝

命運順不順？

廢黜太子的這一年，嚴重的自然災害侵襲東漢，老百姓流離失所，但安帝不僅不知勤政愛民，反而縱情聲色，遊興大發。春節過後，安帝選了個風和日麗的好日子，帶領大群人馬興高采烈地去南方遊玩。三月份來到宛城，安帝忽然感覺身體不舒服，眼見病情危重，便駕車趕往京城。但為時已晚，安帝死在了半路上，連遺囑都沒留一句。

皇后怕消息傳到濟陰王的耳朵裏，便封閉了皇上駕崩的消息，所到之處，和往常一樣貢獻飲食。車隊急趕四天，終於到達皇宮。第二天，為安帝發喪。為了執掌朝政

大權，閻皇后選擇立年幼的濟北惠王的兒子北鄉侯劉懿繼位，自己爲皇太后，臨朝聽政。而濟陰王劉保卻不能在棺木前哀悼父親，文武百官都替他哀傷。

閻顯、江京等人一面集合王公大臣置辦喪事，一面將濟北惠王劉壽的兒子劉懿接進宮。劉懿只有兩歲，是漢章帝劉炟的孫子，按輩分是安帝的堂兄弟。閻姬不想讓劉保繼位，但自己又沒有孩子，爲了達到自己長期掌權的目的，不管輩分的混亂，將同輩的劉懿立爲安帝的兒子，史稱漢少帝。

西元一二五年，劉懿身患重病，中常侍孫程對濟陰王謁者長興渠說：「濟陰王是皇上的嫡子，本來沒犯什麼錯，皇上聽信讒言，將其廢黜。如果北鄉侯一病不起，那我們就合力除掉江京、閻顯等人，擁濟陰王登基。」長興渠答應了孫程的提議。

孫程等人在西鐘下秘密集合，每人扯下一塊衣襟進行盟誓，然後進入章台門殺了江京、劉安和陳達。又覺得李閏一直很有權勢，就威脅他一定要擁戴濟陰王爲帝，李閏答應了。就這樣，他們在西鐘樓下迎回了濟陰王，這就是當時才十一歲的漢順帝。

閻顯將馮詩引誘到皇宮，對他說：「濟陰王登基並沒有按太后的旨意，要是你能全力效勞，可以保你得到封侯。」太后也派人送來信說：「抓到濟陰王的封萬戶侯，抓到李閏的封五千侯。」馮詩雖然表面上答應了，但又找藉口說詔命太突然，帶的兵太少。閻顯派馮詩和樊登去左掖門迎接增援的將士，馮詩趁機殺了樊登。

孫程派人傳詔書逮捕閻景，尙書郭鎭正在養病，但一聽到消息，就馬上率兵起程，正好在南止車門碰到了閻景。閻景舉刀砍向郭鎭，但沒有砍中，最後被郭鎭擊落車下，衆將士上前活捉了他。閻景被囚禁，當天夜裏就死了。血戰了大半夜，閻顯兄弟、江京等人，該死的死，該傷的傷，慘敗而歸。

第二天，順帝派宗正去向閻太后要玉璽和金綬。閻氏見回天無力，只好交出東西。順帝拿到東西後，馬上派人逮捕了閻顯等人，判處死刑，並將閻太后打入了冷宮。閻姬想到往事，後悔不已，常常夢見被自己殺害的人向她索命。不久閻太后便在冷宮中歸西了。

順帝依靠十九個太監消滅了閻氏集團，當上了皇帝。實際上，這個遭受多次貶抑的少年皇帝，早就失去了面對宮廷鬥爭的勇氣，就算現在登上了皇位，也是任人擺佈。孫程等人消滅閻氏並不是爲了長治久安，而是想取代他們的位置。閻氏一滅亡，他們就急不可待地邀功請賞。順帝也不敢怠慢，對他們一一進行封賞。

中國的牛頓——張衡

張衡是河南南陽人，字平子，出生於士族大家，是我國偉大的科學家、天文學

家和文學家。在科學方面，他的功勞是不可磨滅的。張衡從小就喜歡學習，他飽讀經書，博學多才，尤其擅長數學和製作技術。人們稱讚他多才多藝，張衡卻非常謙虛、低調，從不炫耀。

安帝當政時，聽說張衡博學多識，品德又好，便徵召張衡爲郎中。張衡到洛陽不久就升爲了太史令，這正合張衡的意願。因爲在漢朝，太史令就是掌管天文、曆法的官。他本來就喜歡這方面的東西，這下有了條件，便一門心思都放在了研究天文、曆法上。

張衡還喜歡製造各種機器。他在靈台觀測天象的時候，感覺觀測天象的儀器根本無法滿足觀測的需要。於是，他開始研究一些舊儀器，然後根據自己的知識製造新儀器。當時人們都很迷信，而不相信科學。他們關注地震，是因爲地震帶來的災害特別大，但他們卻相信這是老天爺的安排。張衡覺得這種想法實在是荒謬，毫無科學根據可言。他很注意對地震的研究，希望能通過預測地震來告訴人們，面對地震人類並不是無能爲力的。張衡刻苦鑽研，研讀書籍，希望可以製造出一個能夠預測地震的儀器。

順帝執政時期的一天，文武百官照例早朝。等順帝坐好後，張衡站出來，鄭重地稟告說：「陛下，昨晚隴西方向發生了地震，請陛下派人前去安撫災民。」順帝本來還迷迷糊糊，一聽這話，瞌睡蟲馬上就嚇走了。過了一會兒，順帝樂了，他對張衡說：「你無憑無據，這話可不能亂說。」大臣們也不相信，跟著順帝大笑了起來。

一位大臣站出來反駁張衡說道：「陛下親政以來，百姓安居樂業，上天是不會無緣無故降罪的。你這是胡言亂語，擾亂民心。」說完還給了張衡一個白眼。但張衡仍堅持自己的說法，還說地震是大地在動，不是什麼天意。順帝便說：「如果沒有這事，你願意領罪嗎？」張衡滿懷信心地回答說：「如果真沒有這事，臣願意受罰。」

順帝派人前往隴西查看。沒過幾天，這人回來稟告順帝說：「隴西確實發生了地震，這是隴西太守的奏章。」順帝看完以後，差點沒把張衡當神仙。於是他要求張衡帶他到靈台一看，那位曾經誹謗張衡的大臣也羞愧地低下了頭。此時，張衡既沒有邀功，也沒有驕傲，心裏非常平靜。

張衡帶著順帝和大臣前往靈台，只見靈台上有一個像大銅壺的東西，身上鑲著八個龍頭，嘴裏還含著一個銅丸，每個龍頭下面都有一個張著口的蟾蜍。張衡解釋道：「這裏有一根銅柱叫做都柱，旁邊連著八根連杆，連杆與龍頭相連。如果哪個方向的銅珠掉到了蟾蜍的口中，就說明哪裡發生了地震。」大家聽完張衡的解釋後，都對地動儀讚不絕口，也紛紛稱讚張衡學識過人。

張衡還製造了渾天儀。渾天儀是用來反映天體運行規律的，比如說，每一時刻的

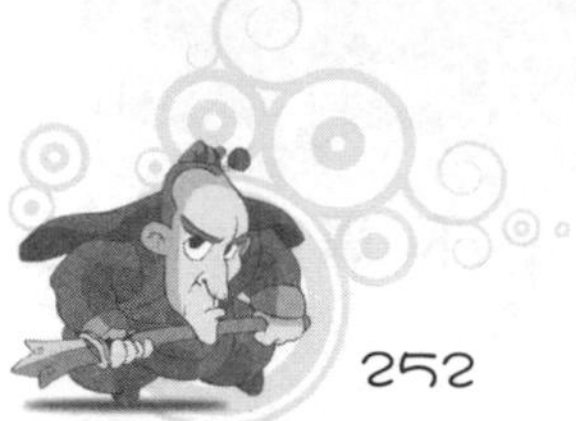

太陽、月亮方位都可以從渾天儀上看出來。它還可以修正日曆、預報天氣，給農民一個準備的時間去播種。渾天儀對農業的發展起到了非常重要的作用，是當時世界上最先進的天文儀器。

張衡不但在科學上有傑出的成就，他在文學上也有一定的造詣。他用十年的時間寫成了《西京賦》、《東京賦》，合稱《二京賦》。在這兩篇大賦中，張衡用了非常華麗的詞藻來批評當時王公貴族中的奢侈生活，還提醒統治者注意群眾的作用。「夫水所以載舟，亦所以覆舟。」這兩句後來成爲了盛唐時太宗李世民治國的指導方針之一。

張衡還寫了一首《四愁詩》留給後人。這是一首抒情詩，抒發了張衡的政治抱負，它也是我國最早、最完整的七言詩。張衡後來做了尙書，但是第二年就病逝了，終年六十二歲。張衡在科學、文學方面都爲後人留下了豐富的遺產，是一位不可多得的人才。

Q 還有誰比他更跋扈？

乘氏侯梁雍病故，他的兒子梁商繼承了爵位。西元一二八年，梁商的女兒梁妠被選進宮爲貴人，常被順帝招去侍寢。招的次數多了，梁妠就推辭說：「希望陛下能像老天下雨那樣遍灑甘霖。」順帝認爲梁貴人很有德行，便於第二年冊立她爲皇后，她的姑姑也被封爲了貴人。梁商多次沾女兒的光，連連升遷，梁氏家族也成了東漢時期的豪族。

據說，梁妠一生下來就有日月光輝的祥瑞。梁妠善於做女工，喜歡讀書，九歲時便能背誦《論語》、研究《韓詩》，常常把列女的畫像放在自己的身邊，以此來自鑒。她的父親梁商深感奇怪，便私下對弟弟們說：「我們的先人救活人不計其數，最終雖然沒有得到大位，但是有德必有報，假如能影響到後代，那麼將會由這個女孩興起。」上天彷彿聽到了梁商的祈求。

梁商從小就學習經傳，天資聰明、質樸誠實，接人待物寬和愛敬，經常捨己助人，因此深得百官的敬服。梁商當了大將軍之後，也非常注重人才的錄用，一時府中人才輩出。有時遇到災荒，梁商還會把自己的東西給災民。他唯一的缺點就是性情謹慎懦弱，無法整治朝綱。李固多次請求嚴肅綱紀，但都沒有被他採納。

梁商的兒子梁冀擅長權術，心思歹毒。梁冀的先祖梁統跟隨光武帝劉秀南征北戰，立下赫赫戰功，深受官民愛戴；他的父親梁商雖身居大將軍高位，但仍能謙遜待人，招納賢才。而梁冀卻沒有繼承父祖的美德，反而以此爲資本，更加放蕩不羈，無

法無天。

西元一三六年，梁冀任河南尹，他在職期間經常做一些非法的事情。梁商的一個親密的好友呂放，是洛陽的縣令，他跟梁商說了很多梁冀的毛病，梁商狠狠地責備了梁冀。梁冀懷恨在心，派人殺了呂放，放在路邊。又怕梁商知道，便把嫌疑轉到了呂放的仇人身上，同時讓呂放的弟弟呂禹接任洛陽令。呂禹殺了他的仇家，並誅連宗族，死亡人數達百餘人。

梁商見皇上非常寵幸宦官曹騰，便讓自己的兒子與曹騰結交。別的宦官見梁商受寵，非常嫉妒，企圖謀害梁商。張逵等人上奏順帝，說梁商、曹騰等人企圖讓其他皇子篡位，順帝不相信。但張逵等人並未死心，他們又假傳詔書逮捕了曹騰、孟賁。順帝知道後勃然大怒，命人釋放曹騰、孟賁，處死了張逵。

西元一四一年，梁商病重。臨死之前，梁商告訴兒子說：「我活著的時候沒有對朝廷作出多少貢獻，我死後不能再耗費國家的錢財。要一切從簡。如果你們是孝子，就不應該違背我的遺願。」他死後，皇帝沒有採納他死前的囑咐，而是鋪張浪費地大辦了喪禮，並讓梁冀繼承了父親大將軍的職位。

張綱幾次上書彈劾梁冀等人，順帝知道張綱說得對，但他並沒有採納。後來又有好幾位大臣上書，順帝這才把奏章交給了有關官員。梁冀對張綱自此懷恨在心，開始伺機報復。正好這時以廣陵郡的張嬰爲首的盜賊在揚州、徐州作亂有十幾年，梁冀想借刀殺人，便派張綱前去鎮壓。沒想到張綱處理得非常好，深得百姓佩服。本該封賞張綱，但梁冀卻從中作梗，阻撓了這件事。

張綱去廣陵任職一年後就去世了。張嬰非常傷心，他沒有忘記當年的舊恩，親率五百多人，穿上喪服爲張綱哀悼，還把他的靈柩送回了他的家鄉並親自爲他運送泥土，築成墳墓。順帝知道後，下旨將張綱的兒子張續任命爲郎中，還賞賜了一百萬錢。

自從王渙被解職洛陽令後，後面所有任職的洛陽令都不如他，直到任峻接任。任峻善用文武官吏，讓他們各盡其才、才盡其用，檢舉揭發和破案的速度都非常快。民間再也不怕官吏了。任峻的威嚴震懾能力超過了王渙，但在文節禮儀、政治教化方面又比王渙稍遜一籌，各有各的優勢。

蘇章爲冀州刺史，他的一位朋友任清河太守。一次，蘇章在轄區巡視時得知友人貪贓枉法，便請這位太守喝酒說話，談論友情。這位太守以爲蘇章會遮掩他的罪行，還高興地說：「別人有一個天，而我有兩個天。」蘇章聽後說：「今天跟你喝酒是出於私情，明天調查案情就是國法了。」這件事情傳出後，全州人民都對他深感震驚和佩服。

吳祐出任膠東國相時，仁愛節儉，百姓都不忍心欺騙他。有一位鄉嗇夫叫孫性，爲了給父親買衣服，暗吞了百姓的錢財。父親得到衣服後罵他說：「你怎麼能騙這樣的長官呢？」然後讓他去認罪。孫性拿著衣服，把這件事告訴了吳祐，吳祐不但沒有怪罪他，反而說他有仁愛的品德，還把衣服送給了孫性的父親。

梁氏兄妹眼看劉保一病不起，即將步前朝多個皇帝的後塵，短命而去，便想著要選出一個太子。梁皇后和之前幾位皇后一樣，沒有自己的子嗣，單純靠他們自己的勢力是遠遠不夠的。於是，他們糾集了宮中握有重權的宦官，立虞貴人年僅一歲的兒子劉炳爲太子。

西元一四四年，順帝駕崩，太子劉炳即位，是爲沖帝，年僅兩歲。梁皇后晉升爲太后，朝廷大權都掌握在她的手中。九月，京師、太原、雁門發生地震，朝廷問眾人對此有什麼看法。黃甫規說順帝剛開始勤政愛民，社會安定。如今災難不斷，恐怕是奸臣專權的後果，並且還指責了梁冀等人。梁冀知道後懷恨在心。

西元一四五年，沖帝駕崩，年僅三歲。梁太后打算等諸侯王、王子們到達洛陽之後，再爲沖帝發喪。太尉李固覺得不合適，就對梁太后說：「沖帝雖然年齡小，但他好歹是一國之君，如今人已離去，人神共悲，哪有隱瞞的說法。這是天下最大的禁忌。」梁太后聽從了李固的建議，當天下午爲沖帝發喪，並修建了陵園，稱懷陵。

清河恭王劉延平的兒子劉蒜和渤海王劉鴻的兒子劉纘受召來到洛陽。劉蒜為人嚴肅莊重，受到三公九卿的佩服。李固對梁冀說：「此乃國家大計，要慎重考慮。要以鄧氏和閻氏選立弱小為戒。」梁冀沒有理會他。最後還是將年僅八歲的劉纘立為皇帝，為質帝。

順帝任命的官吏很多都是沒有功績的，到李固任職後，被免職的有一百多人。他們都怨恨李固，於是寫匿名信誣告李固，說他假公濟私，挑撥皇室和近親的關係，等等。梁冀和梁太后正好借此機會給李固一個警告。

質帝雖小但很聰明，對梁冀的行為很是不滿。西元一四六年，在一次朝會上，他看著梁冀說：「這是一位跋扈將軍。」梁冀心中很不滿，於是唆使人將一個毒餅獻給質帝。質帝吃了餅以後，肚子開始劇痛。他趕緊叫人召來李固。李固來的時候，質帝還可以說話，質帝說大概喝些水還可以活下去，但梁冀卻說不能喝水。話還沒說完，質帝就死了。

質帝死後，眾臣開始商議繼承帝位的人選。李固等人都認為清河王劉蒜禮孝賢明，是皇位的最佳人選；可是中常侍曹騰曾經去拜訪過劉蒜，劉蒜沒有向他施禮，他對此懷恨在心，所以反對立劉蒜為帝。梁冀屬意劉志，李固和杜喬的反對使梁冀怒火中燒。最後，梁冀說服太后罷免了李固的官職，並將十五歲的劉志迎入南宮當上了皇

帝，是爲漢桓帝。

桓帝即位後，冊封梁冀的妹妹梁女瑩爲皇后。梁女瑩被安排爲劉志的妻子，其實也是爲了使梁氏兄妹更好地控制劉志。梁冀想將封后大典辦得隆重鋪張，但杜喬堅持按以往的典章行事；梁冀又想讓杜喬任汜宮爲尙書，杜喬因汜宮以前犯過貪污罪，拒絕了梁冀。就這樣，梁冀越來越恨杜喬。九月，京都洛陽發生了地震，梁冀以天降災異爲由罷去了杜喬的官職。

梁冀在洛陽附近都建造了園林，在洛陽城西修建了一處兔苑，面積數十里。還命人向人民徵集活兔，並將每隻兔剃一撮毛作爲標誌。如有人敢獵取苑兔，最高會被判處死刑。有一位西域的胡商因不知道兔苑的禁令，誤殺了一隻兔，結果獲罪，受牽連者多達十餘人。

扶風人士孫奮，是一個非常富有但又十分吝嗇的人。有一次，梁冀送給他一匹乘馬，要求借貸五千萬錢，但孫奮只借給他三千萬錢。梁冀被激怒，於是讓孫奮所在的郡縣誣陷孫奮的母親偷東西。最後，孫奮兄弟被逮捕，遭嚴刑拷打而死，家產被全部沒收，共有一億七千餘萬錢。

有一年，君臣朝見桓帝，梁冀帶著寶劍進入宮中。尙書蜀郡人張陵大聲斥責他，要他出去，並令人將他的寶劍奪下。梁冀跪下給張陵認錯，張陵沒有答應，立刻上書桓帝。桓帝下詔罰梁冀一年的俸祿進行贖罪。文武百官對張陵十分佩服，河南尹梁不疑對張陵說：「過去推舉你，今天正好來懲罰我們梁家。」張陵說：「我這是爲朝廷伸張法度，來回報您的私恩。」梁不疑滿面羞慚。

梁不疑愛好儒家的經書，喜歡結交有學問的人。梁冀對此十分討厭，於是讓他擔任光祿勳，他的兒子梁胤爲河南尹。梁胤只有十六歲，長得很醜，穿上官服更是不堪入目，過往的人全都嘲笑他。梁不疑覺得這是一種恥辱，於是辭官回家。梁冀不想讓他與外面的人交往，於是喬裝打扮，偷偷記下了去他家的賓客。

西元一五八年五月，發生日食。太史令陳授通過小黃門徐璜上奏說：「出現日食的災異，是大將軍梁冀的過錯。」梁冀知道這個消息後，命洛陽縣令逮捕陳授進行拷問。最後，陳授死在了獄中。桓帝對梁冀的行爲十分惱恨。

梁冀和陳龜之間一直有矛盾，彼此互相怨恨。陳龜鎮守邊疆時，梁冀誹謗陳龜不敢用兵，有損國威，無法得到匈奴人的敬重和畏服。陳龜因此被召回洛陽，很不高興，請求退休，返回故鄉。後來，朝廷又召他做尙書，此時梁冀把持朝政，更加暴虐。陳龜上書彈劾他，但桓帝無動於衷。陳龜知道梁冀不會放過他，於是絕食七天而死。

下邳國人吳樹被任命爲宛縣縣令。上任之前，吳樹來向梁冀告別，梁冀的很多賓

客都散佈在宛縣附近，因此想請吳樹多照顧他們。吳樹卻回答說：「邪惡的小人就應該誅殺。將軍居上位，可從我坐下，您不曾誇過一位長者，而只是讓我照顧一些沒用的人。」梁冀沒有說話，但心裏已經非常生氣了，於是趁吳樹向他辭行的時候，讓他喝下毒酒，死在了車上。

汝南人袁著，官爲郎中，只有十九歲。一日，他到宮門上奏說：「太高的官職爵位、過多的寵信都會招來災禍。經傳上說：『樹木果實太多，會壓壞樹枝，傷害樹根。』」意思就是說，梁冀如果不減少他過多的權力，有可能無法保命。梁冀知道後，派人四處抓他。袁著假裝病亡，被梁冀看穿，最後被活活打死了。

涿郡人崔琦因爲文章寫得好，深受梁冀的喜愛。但他卻用文章來諷勸梁冀，梁冀很憤怒。崔琦對梁冀說：「自古輔佐王朝的宰相都願意聽規勸的言語。將軍身居高位，責任重大，我怎麼沒有聽說您以德治政，而是生靈塗炭、災難深重呢？」梁冀啞口無言，將崔琦遣送回鄉。崔琦因害怕被殺而四處躲藏，但最後還是被梁冀殺了。

甘陵人劉文和南郡的妖賊劉鮪相勾結，聲稱清河王劉蒜應該統治天下，計畫擁劉蒜爲帝。此事被清河相謝暠發現，劉文等人便劫持了謝暠，逼他擁立劉蒜當皇帝。謝暠不從，被刺死。朝廷知道後，追捕劉文等人。之後，又有官員彈劾劉蒜，劉蒜被貶，放逐到桂陽，最後自殺。

劉蒜一事給了梁冀陷害李固的機會。梁冀誣陷李固與劉文同謀，逮捕其下獄。李固入獄引起了社會轟動，很多人上書爲李固鳴冤。梁太后怕把事情鬧大，只好把李固放了出來。李固出獄時，全京城的百姓都在奔相走告。李固如此得人心，使梁冀、梁太后大爲震驚，同時也更加忌諱李固的存在。於是梁冀捏造證據，再次誣陷李固，將其逮捕。李固最終冤死獄中。

梁冀威脅杜喬說：「你只有趕緊自殺，才能保全你的妻子和兒女。」杜喬不答應。梁冀便捏造假的罪名上報給梁太后。最後，杜喬也被逮捕下獄，冤死獄中。

西元一五〇年，梁太后下令不再行使皇帝權力，將權力轉交給桓帝，由桓帝親政。二月，梁太后去世。梁太后一死，後宮之中就再也沒有人能控制得了皇帝了。但是梁冀還活著，所以桓帝也不敢對皇后怎麼樣，但是讓皇后侍奉的次數也漸漸少了。隨著桓帝對梁皇后恩寵的減少，梁皇后在寂寞與憤恨中一病不起。西元一五九年，梁皇后含恨而去，死後被葬在了懿陵。

梁皇后逝世前，桓帝極爲寵幸一個妃子，她就是梁貴人。其實她應該姓鄧，名猛女，是熹皇后堂兄之子鄧香的女兒。起初，梁貴人的母親嫁給鄧香爲妻，生下了她。鄧香去世後，又改嫁梁紀，梁紀是大將軍梁冀妻子孫壽的舅舅。梁貴人跟隨母親嫁到

梁家，所以改姓爲梁。

一次，梁冀的妻子孫壽在一次偶然的機會下，看見了鄧猛女的花容月貌，同時又和梁冀是一個姓，說起來也算是親戚，便在永興年中舉她入掖庭宮，爲采女。再加上她本身天資聰穎、美麗絕倫，桓帝一見她便愛上了她，第二年還進封了她的哥哥鄧演。梁太后、梁皇后相繼去世後，桓帝便將鄧猛女冊立爲皇后。

梁冀見自己的妹妹屍骨未寒，皇上就另立了皇后，叫他這個當哥哥的情何以堪。他認爲妹妹的死是因爲這個梁貴人，所以打算除掉她。在這之前，梁冀還殺了梁貴人的姐夫。原因是，梁貴人的姐夫認爲梁貴人改姓梁是大逆不道的事，而梁貴人也打算將姓改回來。梁冀知道後，覺得梁貴人的姐夫看不起梁家，便將他給當場殺死了。

梁皇后死後，梁貴人便經常與自己的母親在一起。過去梁皇后極力反對這件事，她害怕宮中的妃子與外戚相互勾結，壞了自己的地位。既然梁皇后已經死了，梁貴人也就無所顧忌地和自己的母親在一起了。可惜這件事情很快就被梁冀發現了，加上梁冀的敏感和跋扈，一次兩次還好，多了便引起了梁冀的懷疑。於是，梁冀便產生了將梁貴人和她的母親一起殺死的想法。

俗話說，謀事在人，成事在天。梁冀萬萬沒有想到自己派去的刺客登上鄧宅的鄰居袁赦家的屋頂時被發現了。之後，梁貴人的母親入宮向桓帝哭訴，這次終於點燃了桓帝多年來積壓在心中的怒火。可是要動手的時候，桓帝卻猶豫了。因為他知道自己一旦失敗，就會連皇帝也做不成，還有可能招來殺身之禍。於是，桓帝躲進廁所。

儘管桓帝把初次謀劃的地點設在了廁所，但還是沒有逃過梁冀的法眼。要知道，梁冀的眼線可是遍佈深宮的各個角落。梁冀的心腹張惲以護衛皇上的名義，借機監聽桓帝等人。單超對於梁冀的用心自然也是看得真切，他們知道這件事情的嚴重性，於是索性先下手為強，以圖謀不軌的罪名將張惲抓了起來。

桓帝為了防止梁冀狗急跳牆，派人堅守中樞機構，又派人將梁冀的住宅包圍了起來。梁冀萬萬沒有想到桓帝這次會真的動手。以前他也一直有一些小動作，但是「狼來了」的故事聽多了，便不會那麼害怕了。梁冀還想著只要自己軍權在手，桓帝就不敢亂來。可惜還沒等他反應過來，他的大將軍印綬就被收了。梁冀知道大勢已去，沒過幾天便與妻子一同自盡了。

梁冀死後，他的家產全部被沒收。經過變賣後，得到的有三十多億錢，真可以算是富可敵國了。梁氏一族，有的被流放，有的被處死。西元一六一年，梁貴人為了迎合桓帝仇視梁家的心理，將自己的姓氏改回了鄧姓。不久，被冊立為皇后。桓帝冊封她當皇后之後的第一件事，就是加封她的家人，這惹來了很多人的嫉妒。

誅除梁冀之後，桓帝為收攬人心，第一件事不是改變梁冀執政時的弊端，而是論

功行賞。單超等人被封爲縣侯，就連小黃門劉普八人也被封了鄉侯。自此，東漢政權從外戚轉移到了宦官手中。

鄧猛女當上皇后兩年了，肚子卻沒有一點反應。桓帝也開始逐漸冷落她，夜夜去找郭貴人。鄧皇后看在眼裏，恨在心裏。這樣下去，皇后的位置恐怕會保不住。鄧皇后絕不允許這樣的事情發生，她要阻止這一切。一年多來，郭貴人也沒有生下孩子。此時，鄧皇后覺得機會到了。

鄧皇后開始行動了。不久，宮裏傳出皇上沒有子嗣是自身的問題。這簡直就是奇恥大辱，哪個男人能接受別人說他那方面不行？桓帝更是怒火中燒，他派人查明此事，竟查出是郭貴人。皇帝當即召來問話，郭貴人大驚失色，自己怎麼可能幹這事，直到鄧皇后來到桓帝面前，她才明白。不過，郭氏也不是省油的燈，她乾脆將計就計，以其人之道還治其人之身，把罪行轉到了鄧皇后身上。鄧皇后沒想到自己挖的坑把自己給埋了，桓帝當即廢了她。

桓帝廢了鄧皇后，受牽連的人非常多。鄧氏一族被連累，而鄧皇后則被送入暴室，最終憂鬱而死，死後被埋在北邙山上。經過這一檔子事後，桓帝也開始逐漸冷落郭貴人，因爲桓帝覺得在她身上也沒有什麼希望。後來，桓帝找了種種藉口，將郭貴人給廢了。

竇妙按挑選宮女的制度被選入掖庭爲貴人，後被立爲皇后。竇妙是桓帝的第三位皇后。其實，竇妙能當皇后不是因爲她長相好，也不是因爲桓帝的寵愛，而是因爲她家庭條件好，她是開國功臣竇融的玄孫竇武的女兒，出身顯赫。當了皇后之後，竇妙見到皇上的機會很少，因爲桓帝寵愛的是采女田聖等人。

皇甫規，字威明，安定郡朝那縣人。公遠一四一年，西羌賊首率賊眾將安定包圍，征西將軍馬賢率兵征討，慘敗而歸。皇甫規雖是一介布衣，但很有軍事才能，郡守便派皇甫規率軍攻打，結果凱旋而歸，皇甫規被推舉爲上計掾。後又有羌兵騷擾隴西，皇甫規便上書自薦，要求領兵奮戰。

李膺，字元禮，潁川襄城人。他性格孤僻，不喜歡與人交往，但滿腹經綸、能文能武，而且很有將才，因此被司徒胡廣看中，推舉爲官。他當官後身先士卒，威震鮮卑，後來因公事受牽連，被削官返家。李膺回鄉後設館教書，門徒上千，聞名天下。西元一五六年，鮮卑又一次進攻，桓帝召李膺爲將軍，鮮卑人一聽到他的名字都迅速歸降。

李膺因爲戰功顯赫、才智過人，後來被任命爲河南尹。他上任沒多久就有人告訴他說，野王縣縣令張朔殘忍至極，以殘害孕婦取樂。李膺以前就聽說過張朔有一個做

宦官的哥哥張讓，張朔以此爲資本，在鄉里爲非作歹、魚肉百姓。正是因爲張讓的緣故，所以沒有人敢管。

張讓不過是宮中的一個小太監，只是因爲在誅殺梁冀中立了一點小功，就居功自傲，任他的弟弟橫行鄉里。李膺聽完這事後，便派人四處打聽，尋找證據。不久，衙役們就把搜集到的資料交給了李膺，李膺即刻下令逮捕張朔。張朔爲逃避追捕，便去了張讓家裏。張讓本不想讓他躲在自己家中，可張朔在張讓面前煽風點火地說：「李膺做了府尹，不但沒有孝敬您，還要拿我開刀，這不是沒把您放在眼裏嗎？這次是我，下次恐怕就是大哥你啊。」張讓深覺有理，便將張朔藏在了家中。

張讓藏匿張朔的消息很快就傳到了李膺耳裏。李膺想，如果直接去要人，他肯定不會交出來。於是便讓府裏的武士裝成家丁，隨他去張府探望。來到張家大廳，張讓心虛地對李膺說：「您真是無事不登三寶殿，有什麼事情嗎？」李膺搖搖頭說：「張大人多慮了，我只是聽說貴府富麗堂皇，想來參觀一下。」在參觀的過程中，李膺覺得聽堂中的立柱很可疑，便趁張讓不注意，命人將柱子劃開。沒想到柱子中間站著的正是張朔。張讓反應過來時，張朔已經被抓走了。

李膺讓回到衙門後，按罪判了張朔斬刑。張讓聽後非常憤怒，便到桓帝那裏哭訴。桓帝馬上召見李膺，大聲呵斥李膺說：「你強闖民宅，草菅人命，該當何罪？」

李膺不卑不亢地說：「張朔以解剖孕婦爲樂，一屍兩命，證據確鑿，臣何罪之有？」桓帝一聽，斥責張讓說：「你弟弟這麼殘忍，該殺！你竟然還敢誣陷李卿，真是不想活了。」張讓當即嚇得叩頭求饒。

陳蕃，字仲舉，汝南平輿人。陳蕃十五歲的時候，曾獨處一個庭院習讀詩書。這個庭院他從來沒有打掃過，一片狼藉。一天，他父親的朋友薛勤來看他，問他：「你怎麼不打掃院子招待客人呢？」陳蕃卻無所謂地說：「大丈夫在世，掃天下才是最重要的事，怎麼能把時間浪費在一間屋子上呢？」薛勤聽了他的話，覺得這小子有志氣，不能小看。但感慨之餘，也以「一屋不掃，何以掃天下」來激勵他從小事做起。

陳蕃任樂安太守時，李膺任青州刺史，是陳蕃的上司。郡縣官吏聽說新刺史執政威嚴，害怕被查出不軌的行爲，很多人都辭了職，只有陳蕃問心無愧地留在任上。陳蕃治理樂安時也非常注意招引賢才，政績卓然。正因爲李膺、陳蕃不畏懼權貴，爲天下掃除奸臣，人們才會尊敬他們，稱李膺爲「謖謖如勁松下風」，稱陳蕃爲「軒軒如千里之馬」。

大將軍梁冀非常想結交陳蕃，便派人送信給陳蕃，但陳蕃卻拒而不見。送信人急壞了，便謊報自己是李膺派來的，陳蕃這才接見了他。見了面以後，陳蕃才知道其中有詐，命人用藤條抽死了送信人。梁冀聽了非常生氣，便降了陳蕃的職。

陳蕃在豫章任太守時，聽說南昌人徐稚學問淵博、爲人清高，便親自去請他來做官，希望他能助自己一臂之力。雖然他倆聊得很投機，有相見恨晚的感覺，但仍沒有改變徐稚不做官的意志。陳蕃也不勉強他，兩人後來還成了很好的朋友。唐代王勃在《滕王閣序》中有一句爲「徐孺下陳蕃之榻」，描述的就是他們倆之間的深厚友誼。

王暢是王龔的兒子，他痛恨皇親國戚和豪門大族，所以在任期間，只要碰到有大姓人家犯法，就令官吏拆毀他們的房屋。功曹張敞上書說：「拆毀人家房屋的行爲太過於激烈，就算是懲奸除惡，效果也難以長久。我覺得應該推行恩德，而不是嚴刑峻法。」王暢接受了他的建議，從此寬厚施政。

中常侍徐璜的侄兒徐宣是下邳縣令，爲人暴虐殘忍。他曾經想娶前汝南郡太守李暠的女兒爲妻，但沒能如願，就率吏卒部進李暠家把他的女兒搶到自己家中，然後把她當射靶殺死。東海國相黃浮知道後，逮捕了徐宣及其家人，並將徐宣處死，拋首示眾。徐璜向皇帝告狀，皇帝大怒，將黃浮斷髮貶官。

著名方士襄楷曾上書說：「皇上現在不說話，只通過觀測天象來表達旨意。我看見太微星見天廷五方帝的星座上有金、火這樣的罰星在中間閃爍，這是天子的凶象。我曾聽說殺害無罪或有賢能的人會禍延三世，陛下自登基以來，就不斷地殺害有賢能的人。如今宮女上千，可是陛下卻沒有子嗣，陛下應該積善修德。」桓帝不予理會。

賈彪曾擔任過新息縣縣令。當地百姓生活困苦，生下孩子大多不養育。賈彪認為殺嬰和殺人是同一種罪行，因此嚴令禁止。有一次，城南有強盜搶劫殺人，同時城北也有人殺兒子。賈彪巡查時，屬吏想引著他去城南，他卻生氣地說：「強盜搶劫殺人是常理，母親殺兒子卻是違背天理。」強盜知道後也去自首了。

宦官黨羽張成知道朝廷不久就會頒佈大赦令，於是故意讓兒子殺人。大赦令頒佈後，張成之子的殺人罪被赦免。李膺對此很憤怒，他不顧大赦令，堅持斬殺了張成之子。為了報復李膺，張成的徒弟和門徒在宦官的唆使下，上書指控李膺等人結黨營私。桓帝勃然大怒，聽信讒言，將李膺等人關了起來。

西元一六七年，桓帝臥床不起，但仍不忘封田聖等九位女子為貴人。如果再給桓帝一些時間，也許皇后之位就會易主。可惜，到了十二月，桓帝便歸天了。竇妙以太后的身分，臨朝聽政。竇太后一握大權，便不顧桓帝屍骨未寒，把田聖以惑亂後宮的罪名處死了。其她幾位貴人本也難逃一死，幸好有人勸諫竇妙，她們才得以活命。

漢桓帝一生有三個皇后、十多位貴人，還有幾千名宮女，但都沒有為他生下一個兒子。這樣，他死後的皇位繼承問題又成了一件麻煩事。竇皇后不得不從其他皇族宗室裏尋找繼承人。本著「立幼不立長」的外戚立君原則，竇皇后選擇了當時年僅十二歲的劉宏作為皇位繼承人。他就是後來的漢靈帝。

微歷史大事記

西元一一五年　劉保出生。

西元一二五年　安帝劉祜去世，閻皇后廢劉保太子位，迎立北鄉侯劉懿為帝。後宦官起事，擁立劉保為帝，是為漢順帝。

西元一四〇年　羌族人民起義爆發，劉保及後續統治者派兵鎮壓，十五年後起義被撲滅。

西元一四四年　劉保在內憂外患中去世。

第十七章 財迷皇帝漢靈帝

東漢的黑暗時代

靈帝即位後，由於年幼，竇氏按照前朝的舊列，以皇太后的身分臨朝聽政。她任命竇武爲大將軍，執掌全國最高的軍權；又重新任用被罷免的陳蕃爲太傅，行尚書事，掌握全國最高的行政權。陳蕃與竇武一文一武，一同輔佐朝政。

沒過多久，東漢便發生了兩件大事：西元一六八年，大將軍竇武和太傅陳蕃想一舉削除宦官勢力，卻被宦官提前下手處死了；西元一六九年，宦官集團再次誣陷李膺、杜密等人，導致第二次黨錮之禍。此次禍事中，被殺士大夫達一百多人，被流放、免官、禁錮者達六百多人，遭逮捕的太學生達一千多人。宦官們將東漢政治推向

了最黑暗的時期。

汝南郡督郵吳導收到抓捕范滂的文書後，緊閉屋門，趴在床上痛哭。范滂聽到消息後說：「一定是因爲我。」然後自己主動到監獄報到。縣令郭揖見到他非常吃驚，要跟他一起逃亡。范滂卻說：「我死了，災禍才能消除，我不想連累你，更不想讓我的母親四處流散。」之後，范滂拜別母親離去，與李膺等人一起被抓，死於獄中。

張儉被黨錮之禍所害，四處逃亡，狼狽不堪。逃亡途中，他投奔了很多不認識的人，這些人都是因爲敬重他的品行和聲名，而甘冒被滿門抄斬的危險收留他。張儉自逃亡以來，因收留他而被誅殺的有十餘人，整個地區都因此變得蕭條了。之後，結黨案結束，張儉得以重回故鄉。

太尉袁湯有三個兒子：袁成、袁逢、袁隗。袁紹本爲袁逢庶子，後被過繼給了袁成。袁紹體格健壯、儀容莊重，他愛交天下名士，全國歸降於他的賓客絡繹不絕。袁逢的堂侄袁閎從小品德高尚。黨人之案爆發後，因母親年邁不宜遠逃，袁閎便在庭院中建了間土屋，在裏面居住了十八年，直至去世。

當初冊封竇妙爲皇后時，陳蕃曾經出過力。竇太后爲了報答陳蕃的恩情，把所有的政事都交給了陳蕃，特封他爲高陽鄉侯。陳蕃卻說：「我沒有清白廉潔的品行，但我羨慕正人君子，不是用正當方法得到的東西我是不會要的。要是我不要臉地坐在這個位置上，就會惹怒皇天，而把災難降給百姓。」幾番推辭後，竇太后只好作罷。

靈帝的奶媽趙嬈跟其他女官們一天到晚跟在竇太后身邊，夥同中常侍曹節、王甫等人經常奉承竇太后。所以竇太后非常寵信他們，多次給他們加官進爵。陳蕃和竇武對此很不滿意。一次，在商議朝政的時候，陳蕃對竇武說：「如果不趁早殺掉他們，以後更沒法下手了。」竇武同意陳番的說法，便與志同道合的尚書令尹勳等人商議計策。

西元一六八年，正好發生日食，陳蕃對竇武說：「如今我已經八十歲了，只想協助將軍除掉奸邪，我們可以利用這個機會，消滅他們。」於是竇武上奏竇太后，要求殺了曹節等人。竇太后非常震驚，並說各朝各代都有宦官，只應該處死違法有罪的，怎麼可能全都消滅。竇武多次請求，陳蕃也多次上奏，但竇太后都沒有接受。

九月初七，竇武休息回府。主管奏章的宦官得到消息後，報告給了長樂五官史朱瑀。朱瑀偷看了竇武的奏章，並大聲呼喊說：「陳蕃、竇武請太后廢掉皇上，真是大逆不道。」隨後，朱瑀集結親信，劫持太后並奪取了皇帝璽印，逮捕了竇武等人。陳蕃知道後，率人前去營救，反而被抓，關在北寺監獄，當晚被處決。竇武走投無路，拔劍自刎。

陳蕃的朋友朱震冒死偷偷將陳蕃收殮埋葬，把他的兒子陳逸藏了起來。事情洩露

出去後，朱震全家被捕。朱震受到嚴刑拷問，卻寧死不肯說出實情，陳逸這才得以逃命。

竇武大將軍府的掾吏胡騰因給竇武收屍、弔喪被禁錮，還遭到了終身不許做官的處分。竇武的孫子竇輔才兩歲，胡騰謊稱竇輔是自己的兒子，並與大將軍府令史張敞將他藏到零陵境內，竇輔這才得以活命。

西元一六九年，天降大災。大司農張奐說，天降大災是因爲冤殺了竇武、陳蕃，並請求靈帝爲此二人及其家屬平反。靈帝雖未採納，但曹節等人卻因此恨上了張奐，並請求靈帝斥責他們。張奐等人只得自囚數日，並罰俸三個月。

皇太后居住南宮，恩遇禮數都不周到，但朝中卻沒有人敢進言。郎中謝弼上呈奏章說：「當初是皇太后迎立了陛下，如今竇氏家族獲罪被誅，怎麼能加罪於太后呢？《禮記》上說，作爲誰的後嗣就是誰的兒子，如今你已經認桓帝爲父親，怎麼能不認太后爲母親呢？」靈帝的左右近侍對他非常痛恨，將他貶官，但謝弼並沒有上任，而是主動辭官回了鄉。之後，曹節的侄子曹紹又用別的罪名逮捕謝弼，謝弼冤死於獄中。

竇太后的母親病故，竇太后憂思成病，不久便在南宮雲台去世。宦官們對竇氏積怨很深，他們竟然只用一輛簡陋的車裝著竇太后的屍體運到城南的一個宅院中。幾天之後，曹節等人建議靈帝用貴人的禮節爲竇太后發喪，且不能和桓帝合葬。靈帝對此猶豫不決。最後經過朝臣與宦官激烈的爭論，靈帝才同意了讓竇太后以先帝嫡配的身分合葬宣陵。

太后的葬禮之爭是這次外戚與宦官較量的尾聲。這樣的事情也拿來議論，足可看出靈帝的昏庸無能，也可以看出宦官是何等的驕橫霸道。他們抓住了靈帝的弱點，並利用這些弱點不斷營造謀反、叛逆的氣氛來嚇唬靈帝。宦官這樣做，一是爲了提高自己的地位；二是使靈帝更依賴自己；三是爲了消滅敵對的政治力量。

一日，一條毒蛇出現在了金鑾殿皇帝的寶座上。靈帝就此事詢問光祿勳楊賜，楊賜說：「好事和壞事不會無緣無故地發生，只要削弱皇后家族的權力，祥瑞很快就會出現。」不久，太尉聞人襲、司空許栩全被罷免，劉寵等人被提升。只有劉囂因爲長期阿諛奉承中常侍，而升到了三公的高位。

蔡邕是東漢著名的文學家、書法家。他小時候跟太傅胡廣學習，喜歡文學、天文、數學，還擅長音樂。蔡邕非常好學，也非常孝順，在母親臥病不起的三年中，他常常不休息，母親死後，他又在墓旁蓋了間屋子守墓。

西元一七七年，靈帝主動讓群臣寫治理國家的措施。蔡邕上書說：「皇上願意聽大家的意見，我非常激動，有七件事是皇上應該實行的：第一，祭祀祖先；第二，國家要昌盛，就要多聽好的意見；第三，多訪求有賢能的人；第四，分清是非，不放過壞人，也不冤枉好人；第五，各諸侯每三年推舉一個有才能的人；第六，縣長的職責就是治理好百姓，爲百姓辦好事；第七，揭發在宣陵當孝子的虛僞小人。」靈帝聽取了他的意見。

有一段時間，國庫收益不豐，靈帝愁眉不展，於是讓手下人幫他想辦法。當時，朝中有兩個宦官，一個叫張讓，一個叫趙忠，他們替靈帝想了一個增加收入的辦法，就是在全國範圍內抽地畝稅，每畝地抽十錢。這樣一來，錢開始源源不斷地湧入靈帝的銀庫。靈帝非常高興，他甚至私下裏說：「誰能給我帶來金錢，誰就是我的再生父母。」其財迷程度真是令人汗顏。

源於對金錢的膜拜，靈帝對做買賣很感興趣。爲了滿足自己的享樂，靈帝在後宮開辦了一個規模很大的市場。表面上看，生意非常興隆，實際上，店鋪裏的商品都是宮中的珠寶、綢緞之類的物品，做買賣的都是宮中的宮女、妃嬪。有時，靈帝還會親自來到這個「市場」中，半真半假地參與交易。

靈帝身居內宮，整天想著怎樣取樂。內宮無驢，一個太監爲討靈帝歡心，從外面精心挑選了四頭驢，獻給靈帝。靈帝愛如至寶，整天以驢駕車在宮中遊玩。此事傳出宮外後，眾多官僚士大夫都競相模仿。一時間，民間毛驢價格飛漲。玩膩了驢後，靈帝又開始鬥狗，甚至做出了給狗加官進爵的荒唐之舉。

對於靈帝的昏庸無道，朝中大臣多數敢怒不敢言。呂強不怕死，斗膽諫言：「天下之財，莫不生之陰陽，歸之陛下。歸之陛下，豈有公私？調廣民困，費多獻少，奸吏因其利，百姓受其敝。又阿媚之臣，好獻其私，容諂姑息，自此而進。」言之誠懇，一片赤心。但靈帝根本不予理會，仍舊我行我素。

隨著年齡的增長，靈帝對女人的興趣也隨之增加，「淫亂」的本性漸漸暴露了出來。漢靈帝規定十四歲以上、十八歲以下的宮女都要濃妝豔抹，穿著開襠褲，裏面什麼都不穿，爲的就是臨幸起來方便。他還給自己定下了目標，要在短短的半個月裏，和一百二十一個女子顛鸞倒鳳。除了皇后，其他人都得一起任皇帝當眾行淫亂之事。這種荒唐的行爲，實在令人瞠目結舌！

對於荒淫的漢靈帝來說，即使開襠褲仍是一種障礙。於是，一千餘間樣式別致、佈設奢華的裸泳館舍建成了。靈帝與眾多的姬妾在這裏裸體遊玩，並且經常飲酒作樂通宵達旦。西域進獻了一種茵犀香，靈帝令人煮成湯讓宮女沐浴，把沐浴完的水倒到河渠裏，人稱「流香渠」，他還感嘆地說：「假如一萬年都這樣，那是天上的神仙了。」

靈帝整夜飲酒作樂，醉得不省人事，連天亮了都不知道。直到宮裏的內侍把大蠟燭扔在殿下，靈帝這才從夢中驚醒。靈帝在裸游宮北側建了一座雞鳴堂，裏面有許多雞。他又讓內監們學雞叫，每當靈帝在醉夢中醒不過來的時候，內監們便爭先恐後地學雞叫，以假亂真來喚醒靈帝。

皇帝喜歡新曲，但東漢傳統的太學乃是用來培養儒學人才的，於是漢靈帝在宦官的建議下，另設了「鴻都門學」。這所學校主要教授辭賦書畫、妙曲新歌等更偏於文藝性的東西。這樣一來，漢靈帝的新歌可就源源不斷了。鴻都門學曾興盛一時，學生達幾千人之多，也算得上是中國乃至世界上的第一所文藝學院了。

靈帝還建了賣官店，明碼標價，公開賣官，賣官所得的錢都進了靈帝自己的錢包。賣官的規定是地方官比朝官價格高一倍，官吏的升遷也必須按價納錢。求官的人可以估價投標，出錢最多的人中標上任。官位的售價還會根據求官人的身價和擁有的財產隨時增減。一般來說，官位的標價是以官吏的年俸計算的。許多官吏都因無法交納高額的做官費棄官而走。

崔烈出身於北方的名門望族。他想做官，便通過關係花了五百萬買了個司徒。冊封之日，宮廷舉行了隆重的封拜儀式。看著崔烈春風得意的樣子，靈帝突然覺得自己虧了，忍不住惋惜。賣官都賣到朝廷的最高官職三公了，一方面說明靈帝貪婪，另一方面也表現出了當時政治的黑暗。

東漢末年，皇帝荒淫無道，宦官專權，老百姓無法生存，起義此起彼伏。起義領袖張角利用《太平經》創造了太平道。《太平經》以黃帝和老子爲教主，書中反對剝削、壓迫的思想，體現了廣大人民的要求，極大地鼓舞了老百姓鬥爭的勇氣，甚至有人不惜變賣家產，去投奔張角。

張角設立的起義口號是「蒼天已死，黃天當立，歲在甲子，天下大吉」。經過十餘年的謀劃，太平道已發展壯大，起義條件也已成熟。西元一八四年，張角決定起義。但就在起義前一個月，張角的弟子唐周叛變，向官府告發了起義之事，被處死的信徒達一千多人。張角發現事情敗露後，決定立即起義。起義軍起名爲「黃巾軍」，張角自稱「天公將軍」。

郎中張鈞曾上書說：「張角之所以能興兵作亂，萬民所以樂附之者，其原因是十常侍多放父兄、子弟等人侵略百姓，故圖謀不軌。應該殺了十常侍，把首級示眾，以謝百姓，然後佈告天下。」儘管張鈞對此事的分析沒有抓住根本，只殺幾個宦官並不能消除百姓不滿的情緒，但宦官專權確實是起義的導火線，並且是靈帝和宦官們親手點燃的。

宋皇后是靈帝的第一個皇后。她與章帝的宋貴人是本家親戚，因出身高貴而居后

位。宋氏雖爲正宮皇后，但年少氣盛的靈帝並不喜歡這個端莊賢淑的妻子，封后不久便冷落了她。宋氏深知宮中險惡，因此待人接物都謹慎小心，對於後宮嬪妃的挖苦諷刺更是能忍則忍。可儘管如此，不幸還是降臨到了她身上。

宋皇后的姑母是渤海王劉悝的妻子。宦官王甫與劉悝有過節，便向靈帝誣告劉悝謀反。結果渤海王劉悝與王妃宋氏被迫自殺，宋氏家族數百人受到牽連。王甫怕宋皇后報復，便先發制人，煽動後宮妃嬪捏造宋后私行巫蠱的謠言。靈帝聽信讒言，是非不分，一怒之下廢了宋皇后。不久，宋皇后在獄中被王甫折磨至死。

美人王氏是趙國人，祖父王苞是東漢王朝的五官中郎將。王美人的出現給漢靈帝的後宮帶來了一陣清新的風，她具有豔麗的容顏、美善的德操、大家閨秀的嫻淑，特別是才華橫溢的靈秀之氣，是其他嬪妃無法比擬的。制賦、作畫使他們的生活充滿了詩情畫意。

何皇后是南陽屠夫何真的女兒，建寧四年經采選入宮。按照采選制和東漢的采選習俗，地位低賤的屠夫女是沒有資格入宮的，是她的父親賄賂掖庭宮采選人員，再加上她的天生麗質，才得以入選。何氏入宮後，很快便得到了靈帝的寵幸，並生下了皇子劉辯。劉辯出生後不久，何氏被封爲貴人。

光和三年，靈帝封何貴人爲皇后。何皇后驕縱專橫，生性嫉妒，恨透了王美人。

她被冊封時，王美人已有孕在身，她擔心自己的皇后之位受到威脅，於是打算害死王美人。王美人畏懼何皇后，便想把孩子打掉，但沒有成功。

光和四年三月，王美人果真生下一位皇子，他就是劉協。劉協的出生給何皇后帶來了更大的恐慌，於是她毫不留情地毒死了王美人。靈帝查出兇手之後，龍顏大怒，決定廢掉何皇后，但因諸多宦官為她求情而沒有廢成。面對劉協時，靈帝經常會因想起王美人而傷心哭泣。

由平民階層火速步入宮闈並得到靈帝的寵幸，最容易小人得志。何貴人被冊立爲皇后之後，驕橫之心迅速膨脹。儘管有宦官的苦苦哀求，何氏算是保住了自己的鳳冠，但透過漢靈帝對王美人的思念可以看出，何皇后永遠失去了漢靈帝的心。

西元一八四年六月，漢靈帝急令皇甫嵩前往冀州鎮壓起義軍。這時，張角正好因病去世，起義軍一分為二，由張寶和張梁分別帶領。皇甫嵩浩浩蕩蕩地撲來，他先消滅了張梁的起義軍，張梁戰死。之後又將張角從墳墓裏挖出來戮屍，並把頭顱割下派人送往京師請功。十一月，張寶也戰死沙場。

東漢末年的黃巾起義中，張曼成率領的起義軍也是一支非常有戰鬥力的軍隊。張曼成自稱神上使。西元一八四年，張曼成將宛城作爲根據地，在一百多天內南征北戰，戰果輝煌。但沒想到新任太守秦頡突襲宛城，張曼成沒有防備，壯烈犧牲。

聲勢浩大的黃巾大起義堅持了九個月，最終因實力懸殊太大而失敗，可是東漢王朝統治的根基也因此發生了動搖。同時，在黃巾軍的影響下，各地人民並沒有放棄鬥爭，前後堅持了二十餘年。在鎭壓這些農民起義的過程中，各地長官、豪強都趁機壯大自己的勢力，東漢王朝事實上已經名存實亡。

西元一八九年，漢靈帝病死，皇子劉辯繼位，爲少帝，年僅十四歲。少帝的生母何太后臨朝聽政，朝廷大權落入外戚的手中。何太后的兄弟何進想趁機誅殺宦官，但事情敗露，被宦官所殺。之後，董卓廢除了少帝劉辯，立劉協爲帝，爲獻帝。何太后則被遷居永安宮，不久也被鴆殺。

漢靈帝一生荒淫無度，嬪妃眾多，所生皇子有十幾個，但活下來的只有兩個，一個是劉辯，一個是劉協。爲避凶求吉，劉辯出生後，被寄養在道士史子眇家，稱「史侯」；王美人死後，劉協則由靈帝的母親董太后撫養，稱「董侯」。

在立太子的問題上，面對兩個皇子，漢靈帝是無奈的。按照古代的立嗣傳統，應該由嫡長子繼位。但是漢靈帝憎惡何皇后，所以不想立劉辯爲太子；可立王美人生的兒子劉協爲太子，又擔心其他人不同意。他臨死前把立劉協的大權交給了宦官蹇碩，也算是對王美人的一個交代。

蹇碩的權力看起來很大，但實際上，他只是一個低級軍官，只是借靈帝的威力發號施令罷了。蹇碩與何皇后矛盾很深，他也知道何皇后的兄弟何進兵權在握。在嫡長子世襲的制度下，廢嫡立庶是有悖常理的。所以，要想立劉協為太子，蹇碩必須先下手為強，殺了何進，再立劉協。

漢靈帝的靈柩停放在殿中，蹇碩打算趁何進入殿拜祭時動手，但被何進識破，立即部署，並上報了何太后。何太后位居宮中，佔有優勢。她與何進一起擁兵入宮，宣布十四歲的皇長子劉辯為皇帝。何進與太傅袁隗輔政，負責軍國大事。

蹇碩又想與宦官合作殺掉何進，但機密再次洩露，蹇碩被殺。何進以皇帝舅舅的身分輔政，不久就拉攏了袁紹等人，權力日益膨脹。驃騎將軍董卓看著何進橫行朝廷，心中十分不平，董太后也憤恨不已，於是想除掉何氏。但沒想到何太后先下手，與何進設毒計，軟禁了董太后，董太后不久憂死。

蹇碩、董氏雖除，但宦官的勢力還沒有徹底剷除。袁紹看到了這一點，便向何進獻計除掉宦官，但何太后沒有同意。進言了幾次都沒有被採納，袁紹終於忍耐不住決定私自行事，虛托何進之命，召集天下豪傑。何進、袁紹的行動引起了張讓的恐慌，當他們得知何氏正在密謀誅殺宦官之事後，便發動朝廷政變，殺了何進。

何進的部隊將領吳臣等人聽說何進被殺，急忙調軍包圍皇宮。袁術也率兵攻打宮殿，放火燒了南宮九龍門及東西宮，逼宮中交人。張讓等人慌忙去見何太后，也沒說何進已經死了，只說他謀反焚宮，然後他們一起逃到了黃河岸邊，張讓等人自知難免一死，便跳河自盡了。

＊微歷史大事記＊

西元一五六年　漢靈帝劉宏出生。

西元一六七年　劉儵以光祿大夫身分與中常侍曹節帶領中黃門、虎賁、羽林軍一千多人前往河間迎接劉宏。

西元一六八年　劉宏來到夏門亭，竇武親自持節用青蓋車把他迎入殿內。第二天，登基稱帝，改元為「建寧」。

西元一八九年　昏庸的漢靈帝在人民的一片怨聲中結束了他的一生，終年三十四歲。

第十八章 傀儡皇帝漢獻帝

大漢終結者

董卓，字仲穎，隴西臨洮人。董卓爲人性情過於粗猛，且勇力過人、兇悍無比，又有謀略。他最初在涼州任兵馬掾，後來在中郎將張奐的軍隊中擔任司馬。黃巾起義爆發後，涼州韓遂、馬騰乘機聯合進攻三輔。董卓隨左中郎將皇甫嵩領兵擊退了韓遂等人，董卓的隊伍也在此過程中不斷壯大。

董卓爲了擴充自己的勢力，招攬了呂布。呂布驍勇善戰、臂力過人，有「飛將」的美譽。何進曾徵召丁原帶兵入洛陽任執金吾。董卓想除掉丁原，吞併他的軍隊，便指使呂布將丁原殺死。自此，董卓開始賞識呂布，視他爲心腹，並與其結爲父子。

董卓一到洛陽，便用自己在涼州的兵力將洛陽控制住了。朝臣們個個嚇得噤若寒蟬，不敢與董卓作對。爲了進一步擴大自己的權勢，董卓將少帝劉辯貶爲弘農王，立劉協爲帝，是爲漢獻帝。之後，董卓又藉故殺死了少帝和何太后，中央政權徹底掌握在了董卓手中。

董卓性情殘暴、心狠手辣。剛進入洛陽的時候，董卓便縱容自己的士卒闖進民宅，強姦民女，並搜集各種珍貴的物品將其據爲己有。他還嗜殺成性，文武大臣行爲語言稍有不慎，便會被他處死。一時間，朝中百官都成了驚弓之鳥，處事莫不謹慎小心。

爲了更有效地控制皇帝，董卓不顧群臣反對，脅迫獻帝將都城從洛陽遷到了長安。西元一九〇年，董卓挖掘帝王公卿的陵寢，搜盡所有的寶物，縱火焚燒了洛陽，幾百萬官民被趕在路上，不得不背井離鄉，遷往長安。洛陽，這個擁有兩百年歷史的政治、經濟、文化中心，頃刻間變成了殘垣斷瓦，周圍二百里地均爲一片焦土，令人深感痛惜。

董卓到了長安後，仍舊殘酷暴殺、瘋狂掠奪。一次，他在自己建造的豪華宮苑郿塢設宴，當場殺害了抓到的幾百名起義軍。他們有的被割耳，有的被割舌，還有的被砍去手腳，再挖去眼睛，最後被扔進燒沸的大鍋中烹煮，景象慘不忍睹。宴會上的大臣們都嚇得面無血色，而董卓卻依舊談笑風生，神情自若。

董卓的兇殘無道令人們對他恨之入骨。當時，長安城還流傳著一首民謠：「千里草，何青青，十日卜，不得生。」意思就是咒董卓快點去死。張溫曾與王允一起謀劃誅殺董卓，但事情洩露，張溫被殺。伍孚也非常憎恨董卓，於是暗藏佩刀去見董卓。在董卓起身送他的時候，伍孚突然拔刀相向，董卓死命抵抗。最後，伍孚被董卓的親信砍倒在地。

很多人都想除掉董卓，但董卓深知自己不得人心，因此時刻都小心防範，加上他的義子呂布武力超群，經常跟隨在他左右，所以一般人很難下手。要想殺董卓，就必須先從他身邊的人下手，那個人無疑就是呂布。

王允為了把呂布拉到自己的陣營，設了一個連環美人計。他先是假意將貂蟬許給呂布，之後又將貂蟬獻給董卓，挑撥董卓和呂布之間的關係。最終，計謀成功，父子反目成仇，呂布殺死了董卓，並滅了董卓三族。

董卓死訊傳出，大快人心。長安城中，士卒皆呼萬歲，大街小巷，百姓載歌載舞、歡呼雀躍。董卓的屍體被當街示眾，後被燒成灰燼。董卓死後，皇甫嵩攻進郿塢，從郿塢中搜出黃金兩三萬斤、白銀八九萬斤，綾羅綢緞、奇玩珍寶更是堆積如山。

當初，各路諸侯討伐董卓，韓馥負責供應糧草。他見各地的力量都投奔袁紹而去，心裏十分嫉妒，便暗中減少糧草的供應，想離散袁紹的軍隊，袁紹對此很生氣。在聯兵征戰董卓時，韓馥突然叛變，跑去攻打麴義，但反被麴義打敗。袁紹趁機聯合麴義攻打韓馥。最終，韓馥搬出宮署，交出了冀州的印綬。

袁紹的手下朱漢與韓馥有嫌隙，心中一直耿耿於懷。他趁韓馥兵敗之際，派人包圍了他的住處。韓馥躲到了樓上，但他的大兒子卻被朱漢給打斷了雙腿。韓馥因此受到了很大的刺激。袁紹知道後殺死了朱漢，但韓馥仍心有餘悸，便跑去投奔張邈。一天，韓馥見袁紹派來的使者對張邈耳語，以為是在圖謀害自己，便舉刀自殺了。

董卓死後，他的部下李傕、郭汜曾派人到長安請求朝廷的赦免，但王允沒有同意。無奈之下，他們只得向長安進發，一路上招兵買馬，到達長安的時候，軍隊已有十萬多人。李傕、郭汜與董卓的舊部樊稠等人會合，聯合攻擊長安，呂布率兵扼守。八天後，呂布部下兵變，李傕等人攻入城內，被殺者多達萬餘人，王允也在其中。

李傕、郭汜、樊稠等人掌控長安後，漢獻帝也落入他們手中。但他們只短暫地掌控了四年東漢政權，之後便開始內訌。李傕先是借與樊稠商議軍情的機會，暗中派人殺死了樊稠。之後，他又想除掉郭汜，但郭汜警惕性很高，李傕一直沒有下手的機會。為取得主動，李傕率侄子李暹脅迫獻帝出宮，然後縱兵入宮，大肆搶掠，還將長安城燒成了廢墟。楊彪等人進行調和，反被郭汜扣留。

袁紹有兩個勁敵，一個是公孫瓚，另一個是袁術。袁術派孫堅駐守陽城以抵禦董卓，而此時袁紹卻派人來爭奪陽城。公孫瓚與袁術結成聯盟，派自己的弟弟公孫越前去幫助孫堅。在作戰中，公孫越被亂箭射死。公孫瓚知道這件事後，怒不可遏地說：「都是袁紹惹的禍，否則我弟弟不會死。」於是開始攻打袁紹。

袁紹沒什麼政治才能，佔領冀州後，他縱容豪強兼併土地，令百姓苦不堪言。公孫瓚對袁紹獨吞冀州的行爲很不滿意，決定出兵討伐袁紹，並上書朝廷，列舉袁紹的罪狀，然後開始發動進攻。冀州許多縣城都背叛袁紹而回應公孫瓚。

公孫瓚長得儀表堂堂，聲音洪亮，機智善辯。當地的劉太守很器重他，不僅將女兒嫁給了他，還讓他跟隨盧植去涿郡學習經書。後來，劉太守因事犯法，被發配遠地。公孫瓚一直在身邊陪著他，把他照顧得無微不至。

公孫瓚當上中郎將後，與自己的上司劉虞不和。之後，公孫瓚殺了劉虞，佔領了幽州，成爲了北方最強大的諸侯之一。他將易城作爲大本營，修建堡壘和樓觀，以對抗袁紹。公孫瓚爲人心胸狹窄，記過忘善，甚至陷害名士。有人問他爲什麼要這樣對待士人。他說：「士人都想富貴，就算我讓他們富貴了，他們也不會感激我。」相反，一些小販和庸人卻得到了寵幸。公孫瓚甚至與他們結爲兄弟，互相通婚。

袁紹大舉進攻公孫瓚，公孫瓚派兒子公孫續向黑山軍求援。春天，黑山首領張燕與公孫續率十萬軍隊前來救援。公孫瓚派使者前去接應，並捎去一封信，讓他率兵到城北低窪處埋伏，以點火爲號。袁紹截獲了這封信，便將計就計，誘公孫瓚出城。公孫瓚大敗，城樓被燒毀，他自知已必敗無疑，便先殺掉了自己的妻兒，然後引火自焚。

袁術在淮南稱帝，僅僅兩年時間就把國庫搞空了，一時間，民怨沸騰。走投無路之下，袁術表示願意將帝位讓給袁紹，袁紹知道後，心裏美滋滋的。他命耿苞爲自己找當皇帝的理由，耿苞對他說，現在漢朝已經不行了，袁氏又是黃帝的後裔，理應稱帝。袁紹故意公開耿苞的言論，目的就是想讓大家擁戴他，但官員們卻說耿苞妖言惑眾。袁紹怕露出馬腳，急忙把耿苞殺了。

當初，曹操將黃巾軍擊敗，獲得降卒三十餘萬、人口百餘萬。眼看曹操的勢力日益壯大，袁紹終於坐不住了。在滅了公孫瓚之後，袁紹勢力大增，如果不出意外，殺掉曹操指日可待。於是，袁紹打算用像對付董卓那樣，聯合各路諸侯滅了曹操。但各地方諸侯都不願蹚這趟渾水，只有荊州的劉備率領少數兵士前來投靠。

袁紹有三個兒子：長子袁譚、次子袁熙、三子袁尙。袁紹寵愛後妻劉氏，對劉氏所生的兒子袁尙也極爲喜愛，有意將位子傳給他。袁紹謀士沮授說，應該以年紀最大的爲嗣，如果德行都差不多，則應該用占卜決定。袁紹卻說：「我只是試一下他們，立誰爲嗣還不一定呢！」

袁譚和袁尙是親兄弟，但他們倆誰也不服誰，都想壓倒對方。袁紹死後，眾人都覺得應該長子袁譚繼位。支持袁尙的人擔心袁譚掌權後會報復自己，便僞造袁紹的遺命，擁立袁尙爲繼承人。袁譚不能繼位，便自稱車騎將軍，駐軍黎陽。袁尙只給了他少量的兵馬，還派了逢紀去監督他。後來在一次衝突中，袁譚一氣之下將逢紀殺了。這下，兩兄弟的矛盾更加激化了。

一代梟雄——曹孟德

曹操，又名吉利，字孟德，小字阿瞞，沛國譙人，生於一個顯赫的官宦世家。曹操的父親曹嵩是宦官曹騰的養子。曹操爲人機警，有謀略，善權術，自幼就博覽群書，又擁有過人的武藝。但他行爲放蕩，不受約束，沒權勢之前不被人看重，只有太尉喬玄和許子將說他能平定天下。

張邈年輕的時候，喜歡做遊俠，同曹操、袁紹的關係也不錯。袁紹當上討董聯軍的盟主之後，非常傲慢，張邈爲此嚴厲地批評了他。袁紹非常憤怒，命曹操去殺張

邈。曹操與張邈友誼深厚，拒絕了袁紹。

曹操第一次攻打陶謙時，對家人說：「如果我回不來，你們就去投靠張邈。」後來曹操勝利歸來，看到張邈時，兩人相對落淚。但隨著曹操勢力的不斷壯大，張邈害怕自己有一天也會被曹操所殺，便聽從了弟弟張超和陳宮的建議，反叛曹操而迎呂布。

曹操與呂布大戰，曹軍大敗。呂布的騎兵捉住了曹操，但他們沒有見過曹操，不知道自己面前的人就是曹操，還問：「曹操在哪裡？」曹操說：「前面騎黃馬逃走的那個就是。」呂布的騎兵一聽，便放了曹操，去追那個人，曹操這才得以逃跑。

曹操兵敗後，袁紹想與曹操聯盟，但條件是曹操的家屬入住鄴城，實際就是逼迫曹操送人質。曹操本想答應袁紹的條件，但程昱卻極力反對。他說：「您這是臨事畏懼，不然怎麼會考慮得這麼不周全？希望您慎重考慮。」曹操最終聽從了程昱的建議。

獻帝趁李傕、郭汜內訌之機逃回了洛陽。獻帝東遷後，曹操覺得機會來了。當時宮中食用困乏，曹操便經常向獻帝進獻食物和器皿。當初獻帝還在洛陽的時候，曹操就向獻帝進獻過縫帳兩頂、絲線十斤、山陽郡產的甜梨兩箱、稗棗兩箱。

曹操藉口京都沒有糧食，要送獻帝到魯陽就食，把獻帝轉移到了許昌。西元一九六年，漢獻帝遷都許昌。自此，曹操開始「挾天子以令諸侯」。

袁譚與袁尙交戰時向曹操求援，他們倆也因此結成了親家，曹操同意袁譚的女兒嫁給自己的兒子曹整爲妻。可沒想到的是，當曹操攻下鄴城的時候，袁譚又背叛了他，還攻取了河北大部分地區。曹操給袁譚寫信，譴責他違約，同時與他斷絕了親家關係，將他的女兒送了回去，並出兵討伐袁譚。最後，袁譚被曹軍所殺。

袁術想召沛國相陳珪來做官，陳珪拒絕了他，並寫信對他說：「你圖謀不軌，想讓我成爲犧牲品，我寧願死也不會答應你。」袁術只好拉攏呂布，便派使者韓胤把稱帝之事告訴呂布，還想讓自己的兒子娶他的女兒。呂布答應後，聽了陳珪的勸告，立刻就後悔了，於是趕緊啓程，把女兒追了回來，並把韓胤押到許都處死。

劉備在投靠袁紹之前，曾想著前往許昌覲見獻帝。劉備一直以漢室家族自居，以鋤強扶弱爲己任，這次曹操將獻帝拘役，自己只有幫助袁紹，才能救獻帝。

一天，曹操邀請劉備喝酒。兩人邊喝邊聊，說著說著就說到大事上來了。曹操拿起酒杯說：「您覺得現在爭奪天下的這麼多人中，有幾個算得上英雄？」劉備謙虛地說不知道。曹操面帶微笑地說：「我看只有咱們倆算得上是這樣的人。袁紹這些人根本不算什麼。」

劉備心裏正爲了和董承同謀的事七上八下，一聽這話，嚇得筷子都掉在了地上。

正好這時一道閃電劃過，劉備才把驚慌的神情掩飾過去，沒有讓曹操看出破綻。

曹操到達下邳，寫信給呂布。呂布非常害怕，命許汜、王楷向袁術求援。袁術氣憤地說：「你不把女兒送來，就應該失敗，現在還來找我幹什麼？」許汜說：「如果您不救呂布，那下一個倒楣的人就是您了。」袁術深知唇亡齒寒的道理，只好整理軍隊，援助呂布。呂布擔心袁術會因爲自己不送女兒而不幫助自己，夜裏打算親自送女兒出城，卻被曹軍發現，只好退了回來。

曹操圍了下邳兩個多月，但仍舊一籌莫展。最後，曹操決定開沂水、泗水澆灌下邳。這下，呂布終於堅持不住了，打算投降，卻遭到了陳宮的阻攔。最後，呂布的部將侯成、寧憲、魏續等人將陳宮和高順抓住，率軍投降曹操，呂布也只好投降。曹操下令將他們處死，但念在陳宮是自己的舊部，就沒有殺他的家人，還把他的母親接來贍養，女兒也幫他嫁了出去。

曹操圍下邳時，關羽曾向曹操請求說：「城破之後，請把秦宜祿的妻子賜給我。」曹操同意了。後來關羽又說了幾次，這便引起了曹操的好奇心，心想，難道這秦宜祿的妻子是個美人？破城之後，曹操便命人將秦宜祿的妻子先送進自己的營帳。曹操一見，驚爲天人，便自己留下了。關羽沒有得到美人，心裏非常不痛快。

興平元年，天大旱，長安城內穀價升到了一斛五十萬，人相食。獻帝令侍御史侯汶開倉濟民，但餓死的人還是很多。獻帝心想，救濟了這麼多人，怎麼還是死了這麼多人呢？獻帝懷疑侯汶作弊，於是親自驗證，證明發放中確實有剋扣現象，侯汶因此而被杖責。

東漢名醫——張仲景

張仲景，祖籍河南鄧縣，字仲景，名機。他出身於士族大家，父親張宗漢是朝中官員。張仲景從小就喜歡讀書，並且勤於思考。他閱讀了很多醫書，非常佩服古代名醫扁鵲。而當時朝廷腐朽不堪，疫情肆虐，各地屍橫遍野。見此情景，張仲景立志行醫，從此開始研究醫學。

張仲景爲學醫術，拜了本家一個很有名的醫生張伯祖爲師。張伯祖覺得他聰穎勤奮，又能吃苦，就把自己的醫術都傳給了他。張仲景也沒有辜負師父的栽培和苦心，盡得師父真傳，正式行醫後，很快便在當地有了名氣。

張仲景和「建安七子」之一的王粲關係很好。一次，張仲景看出王粲得了重病，就讓他趕緊醫治，不然四十歲的時候就會有性命之憂。但王粲根本沒有放在心上。不久，他們又見面了，張仲景看了他的臉色後說：「你氣色不好，肯定沒有喝藥。你還

是趕緊喝了吧，不要耽誤病情。」王粲沒聽勸，他死時四十一歲，正應了張仲景說的話。

一次，張仲景看見一個人躺在地上，周圍有很多人在嘆氣，幾個女子在旁邊痛哭流涕。他上前一問才知道，此人因家窮而上吊自盡了。當人們發現他，把他救下來的時候，他已經不能動了。張仲景趕緊給他救治。半個小時後，那人竟然有了細微的呼吸；又過了一會兒，那人竟然恢復了意識。

終極三國

曹操的專權統治引起了漢獻帝和一些大臣的不滿，他們決定除掉曹操。獻帝用鮮血寫了一封詔書，秘密交給董承，讓他與劉備等人謀誅曹操。這就是歷史上有名的衣帶詔，也是漢獻帝第一次爲皇權做出的努力。但不幸的是，他失敗了。反曹同盟中，只有劉備和西涼太守馬騰倖免遭難，其他人都被處死了。

曹操怒氣沖沖，手持寶劍，率領武士進入宮中，當著漢獻帝的面，用白練勒死了他最鍾愛的董貴人。董貴人是董承的妹妹，當時已懷有五個月的身孕。儘管獻帝苦苦哀求，曹操仍沒有放過她。曹操還借此機會殺了一批忠於獻帝的大臣。這下，朝廷上下都成了他的親信，曹操的勢力更大了。

曹操在官渡之戰中，以少勝多，擊敗了袁紹，取得了北方的大片土地。此後，曹操又相繼佔領了北方州郡，並降服了烏桓，統一了北方。之後，曹操南征，在赤壁之戰中被孫權和劉備的聯軍擊敗，三國鼎立的局面形成。建安十八年，曹操自立爲魏公，加九錫。

董貴人被害死後，伏皇后內心非常不安。她寫信給自己的父親伏完，歷數曹操的不是，打算找機會殺了曹操。結果，這封信被伏家的一個僕人偷偷獻給了曹操。曹操勃然大怒，他進宮逼迫獻帝廢了伏皇后，獻帝猶豫不決。曹操不等獻帝許可，便命人起草好廢后的詔書，逼獻帝蓋印。

伏皇后收到廢后詔書，準備搬出後宮時，忽然聽見外面有嘈雜的聲音，一看，原來是華歆帶人來搜捕她。伏皇后嚇得躲進夾牆中，但仍被華歆發現了。

華歆揪住她的頭髮，將她拖到外殿。獻帝正在外殿坐著，看見伏皇后悲慘的樣子，不禁淚流滿面。伏皇后對獻帝說：「真的不能活命了嗎？」獻帝無能爲力地說：「我也不知道我能活到什麼時候。」

伏皇后被華歆拉走，關進了監獄，最後幽閉而死。伏皇后的兩個兒子也被毒死，伏氏家族受株連被處死者有一百多人。次年，曹操逼獻帝立他的女兒曹節爲后，獻帝

繼續當著他的傀儡皇帝。

曹操駐軍淯水，張繡等人前來投降。不久，曹操娶張濟的遺孀爲妻，張繡知道後，非常氣憤。曹操知道張繡對自己不滿，便想暗中殺了張繡。張繡知道後，帶著部隊偷襲曹操。曹操慌忙應戰，被流箭射中，他的大兒子曹昂和侄兒曹安民戰死，士兵死傷無數。

張繡追擊曹操的時候，賈詡勸他不要追，張繡不聽，最後慘敗而歸。但回來後，賈詡反而鼓勵張繡繼續追擊曹操，說這次一定能勝。張繡信了，結果大勝。張繡很納悶，便問賈詡爲什麼能算得這麼準。賈詡自信地說：「曹操沒有敗卻撤退，肯定是國內發生了事情。既然他們打敗了你，一定會輕裝快行，即使後面留下幾個將才，也肯定不是你的對手。這個時候追，一定能取勝。」張繡聽了，很佩服他。

賈詡因病辭官返家，在回去的路上遇到了氐人，跟他同行的幾十個人都被捉住了。這時，賈詡說：「你們別殺我，我是段公的外孫，我們家有很多錢，他們一定會來贖我的。」段熲曾守邊多年，威震四方，氐人非常害怕他。賈詡的威嚇起了作用，氐人與他立下盟約後，就將他送走了，而其他人則全被殺了。

袁紹爲了牽制曹操，派人去拉攏張繡。張繡本想答應他，但賈詡卻說他連袁術都容不下，更不用說其他人了。張繡非常害怕，他問賈詡：「那我們應該投靠誰？」

賈詡說：「應該投靠曹操。曹操奉天子以號令天下，而且現在勢單力薄，如果我們歸附，他一定會很高興。」在賈詡的說服下，張繡決定再次投降曹操。曹操非常高興，還讓自己的兒子曹均娶了張繡的女兒。

西元二二〇年，曹操病死，他的兒子曹丕襲爵爲魏王。獻帝以爲曹操一死，他就可以親政了，但他這個美夢是不可能實現的。曹操還活著的時候，孫權曾勸曹操稱帝。曹操一邊把孫權的上書傳給獻帝看，一邊在炫耀中表明自己的心跡。曹丕對父親的意思再明白不過了，所以在曹操死後不久，他就讓人揑造出種種祥瑞，說漢代氣數已盡，將由魏來代替。

曹丕命華歆帶著大量士兵進宮，脅迫獻帝讓位。獻帝慌忙跑到中宮，曹皇后聞聲而出，看見獻帝慌慌張張的樣子，忙問出了什麼事。獻帝說：「你哥哥要奪走我的帝位啊！」曹皇后不相信，於是繞過獻帝，走到華歆面前開口就罵。曹皇后是曹丕的親妹妹，所以華歆等人也不敢怎麼樣，只好暫時撤退。

沒過多久，曹丕再次逼迫獻帝，這次直接幫他把詔書都起草好了，獻帝只好答應。曹丕收到詔書後，心中大喜，但卻假裝不接受。他三番五次推脫，只是爲了向別人證明獻帝是自願的。之後，曹丕又向曹皇后索要玉璽，曹皇后不給。最後，曹丕命人領兵去搶，曹皇后生氣地把玉璽甩到窗外說：「上天不會保佑你的。」

曹丕在繁陽亭登上受禪壇，接受了玉璽，即皇帝位，是爲魏文帝。隨即，曹丕進入許都，改建康元年爲黃初元年，國號爲魏。曹操被追尊爲武皇帝，廟號太祖。漢獻帝被廢爲山陽公，曹皇后爲山陽夫人，但仍可用漢天子禮樂，漢獻帝做了大半輩子的傀儡皇帝，最終還是沒能擺脫被取代的命運。獻帝禪讓標誌著已存在了四百餘年的漢朝徹底終結。

受禪壇位於河南省臨潁縣境內，原來的受禪壇有三層，非常高大壯觀。當年，漢獻帝劉協在壇上請魏王曹丕受禪，親手將玉璽奉上，壇下有四百餘名大小官僚目睹了這一幕。如今，這裏只剩下一個荒草叢生的大土堆，占地有五千多平方米。壇頂有個鍋蓋大小的地方寸草不生，據說那是獻帝跪過的地方，這又爲受禪壇增添了一點神秘的色彩。

曹操生前對君臣說的最後一句話是：「天下人昨天看錯了我曹操，今天又看錯了，明天還會看錯，但我還是我！」無論別人怎麼說他，他心裏都有一桿屬於自己的秤。走自己的路，讓別人說去吧！曹操的思維邏輯總是在別人的意料之外。

西元二三四年，漢獻帝劉協壽終正寢，終年五十四歲，以漢天子禮儀葬於禪陵，諡號爲孝獻皇帝。

＊微歷史大事記＊

西元一八一年　劉協出生。
西元一八九年　董卓將少帝劉辯廢殺，立劉協為帝，是為漢獻帝。
西元一九二年　王允與董卓養子呂布襲殺董卓，劉協落入李傕、郭汜手中。
西元一九五年　李傕、郭汜內訌，李傕將劉協劫走，長安城被焚燒成廢墟。
西元一九六年　曹操控制了劉協，並遷都許昌，「挾天子以令諸侯」。
西元二二〇年　曹操病死，劉協被曹丕控制，隨後被迫讓位於曹丕。
西元二三四年　劉協病死，享年五十四歲。

漢朝其實很邪門

作者：丁振宇
出版者：風雲時代出版股份有限公司
出版所：風雲時代出版股份有限公司
地址：105台北市民生東路五段178號7樓之3
風雲書網：http://www.eastbooks.com.tw
官方部落格：http://eastbooks.pixnet.net/blog
Facebook：http://www.facebook.com/h7560949
信箱：h7560949@ms15.hinet.net
郵撥帳號：12043291
服務專線：(02)27560949
傳真專線：(02)27653799
執行主編：朱墨菲
美術編輯：許芷姍
法律顧問：永然法律事務所 李永然律師
北辰著作權事務所 蕭雄淋律師
版權授權：南京快樂文化傳播有限公司

初版日期：2013年5月
ISBN：978-986-146-679-8

總經銷：富育國際股份有限公司
地 址：台北縣新店市中正路四維巷二弄2號4樓
電 話：(02)2219-2068

行政院新聞局局版台業字第3595號 營利事業統一編號22759935

國家圖書館出版品預行編目資料

漢朝其實很邪門／丁振宇著.-- 初版.
臺北市：風雲時代，2013.01 -- 面；公分

ISBN 978-986-146-679-8（平裝）
1. 漢史 2. 通俗史話

622 102000571

原價：280元
限量特惠價：199元